DIRECTION GÉNÉRALE : GAUTHIER AUZOU
DIRECTION ÉDITORIALE : GWENAËLLE HAMON
AUTEUR : PATRICK DAVID (ATTACHÉ AU MUSEUM
NATIONAL D'HISTOIRE NATURELLE DE PARIS)
MISE EN PAGE : ANNAÏS TASSONE
COUVERTURE : ANNAÏS TASSONE
ILLUSTRATIONS : OLIVIER VERBRUGGHE, CLAIRE VOGEL
RELECTURE : VANESSA BOURMAUT
CONSULTANT : JÉRÔME CARRIER
FABRICATION : OLIVIER CALVET
CRÉDITS PHOTOGRAPHIQUES : FOTOLIA, SHUTTERSTOCK,
SAUF : MOND'IMAGES (PAGES 14, 15, 16, 20), SIPA-PRESS (8, 9, 17)

Mon grand animalier du Québec

AUZOU

Sommaire

Mon grand animalier du Québec

Les animaux familiers

Le chat siamois

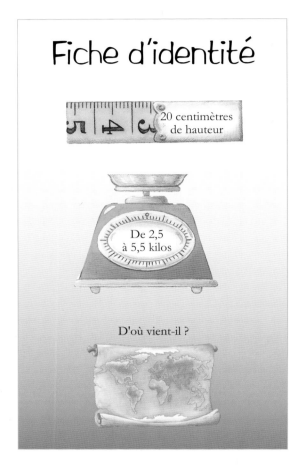

Fiche d'identité

20 centimètres de hauteur

De 2,5 à 5,5 kilos

D'où vient-il ?

Qui est-il ?

Le CHAT SIAMOIS se reconnaît à son corps clair, long et mince, avec une tête en forme de triangle, des oreilles et le bout des pattes très sombres et des yeux souvent bleus.

Quel est son caractère ?

Le CHAT SIAMOIS est un chat très vif qui a un fort caractère. Il peut être agressif avec une personne qu'il ne connaît pas. Il adore ses maîtres, mais il est possessif et très jaloux.

Comment vit-il ?

Le CHAT SIAMOIS aime beaucoup la chaleur. Ce chat très bavard communique beaucoup avec ses maîtres par un miaulement puissant et un peu rauque. Il adore les enfants.

Bon à savoir...

Le CHAT SIAMOIS et les races voisines sont encore très courants en Asie. Les chats sont très respectés en Thaïlande. Il vit en moyenne entre 13 et 18 ans, au maximum 24 ans.

Joue et apprends !

| Le CHAT SIAMOIS vient d'Afrique | Il est toujours noir | Il miaule très fort | Il est souvent gros |

v f   v f   v f   v f

Le chat maine coon

Qui est-il ?

Le MAINE COON est un chat géant ! Sa fourrure épaisse, son corps puissant mais pas gras, ses grandes oreilles terminées par un pinceau de poils et sa longue queue touffue en font un chat superbe.

Quel est son caractère ?

Le MAINE COON est un chat très doux et très câlin, qui a besoin de la présence de ses maîtres. Il n'est pas peureux et il supporte les chiens ! C'est un bon géant !

Comment vit-il ?

Il est issu du croisement des chats de fermiers et des chats de marins. C'est un grand chasseur, très résistant au froid. Plein d'énergie, il a besoin de courir. Il lui faut de l'espace !

Bon à savoir...

Ce superbe chat est devenu seulement récemment un chat de compagnie. Il aime jouer et demande beaucoup à ses maîtres ! Il vit entre 15 et 18 ans.

Fiche d'identité

25 centimètres de hauteur

9 kilos (mâle), 6 kilos (femelle)

D'où vient-il ?

Joue et apprends !

Le MAINE COON a de petites oreilles

v f

C'est un grand chat

v f

C'est un chat sportif

v f

Il vient d'Amérique du Nord

v f

Le labrador

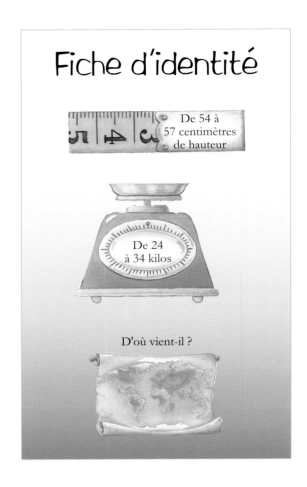

Fiche d'identité

De 54 à 57 centimètres de hauteur

De 24 à 34 kilos

D'où vient-il ?

Qui est-il ?

Le LABRADOR est un gros chien intelligent, très doux et fidèle à son maître. Son pelage, toujours court, est souvent noir ou blond. Son museau est fort, et sa queue moyennement longue et fine.

Est-il un bon chien de garde ?

Le LABRADOR aboie très fort et est courageux. C'est un bon chien de garde, mais c'est aussi un excellent chien de chasse. Ce chien est très joueur, surtout avec les enfants.

Comment aime-t-il vivre ?

Le LABRADOR adore le calme, mais il a besoin de courir. Il aime l'eau et va souvent se baigner longuement. Il supporte très mal la vie en appartement.

Bon à savoir…

Le LABRADOR est originaire du Canada. La plupart des chiens guides d'aveugles sont des LABRADORS. Malheureusement, ce chien adorable ne vit souvent pas très vieux, environ 12 ans.

Joue et apprends !

Le LABRADOR aime…

1. se baigner
2. grimper aux arbres
3. vivre sous terre

Il sert souvent à guider…

1. les cyclistes
2. les personnes aveugles
3. les bateaux

Il a un poil…

1. court
2. très long
3. frisé

Le cocker

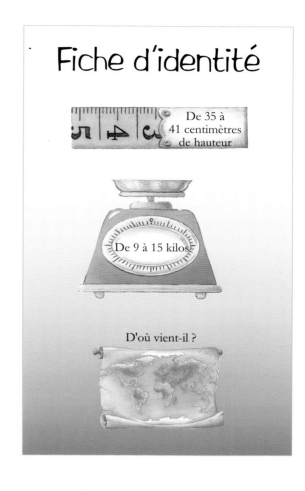

Fiche d'identité

De 35 à 41 centimètres de hauteur

De 9 à 15 kilos

D'où vient-il ?

Qui est-il ?

Avec son corps court, ses grandes oreilles qui tombent sur le côté de la tête, ses yeux tristes et son pelage fauve, le COCKER ne ressemble à aucun autre chien.

Que fait-il ?

Le COCKER sait tout faire, monter la garde ou jouer des heures avec les enfants, mais c'est surtout un extraordinaire chien de chasse. Il sait comment repérer le gibier et prévenir son maître. Il aime l'eau.

Est-il agressif ?

Ce chien peut être très têtu, mais il est le plus souvent joueur. Très fidèle, intelligent, il adore son maître. Le COCKER a grand appétit, mais il ne faut pas le laisser grossir.

Bon à savoir…

Le COCKER est d'origine anglaise. Il a longtemps été élevé uniquement pour la chasse. C'est maintenant l'un des principaux chiens de compagnie. Hélas, ce chien adorable atteint rarement un grand âge, environ 11 ans.

Joue et apprends !

Le COCKER est un chien de chasse

v   f

Il a des oreilles courtes et droites

v   f

Son pelage est fait de grosses taches

v   f

Il est très agressif

v   f

Le husky

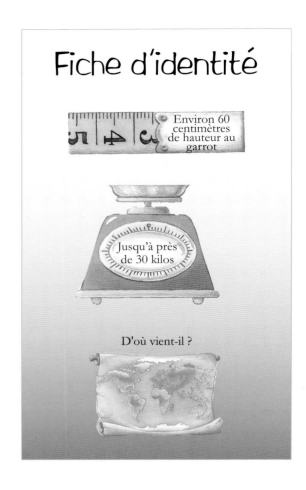

Fiche d'identité

Environ 60 centimètres de hauteur au garrot

Jusqu'à près de 30 kilos

D'où vient-il ?

Qui est-il ?

Un corps puissant bien campé sur de grosses pattes, une robe souvent grise et blanche et des yeux d'un bleu pâle très intense, le HUSKY évoque un loup. C'est au contraire un chien doux et très sociable.

Peut-il travailler ?

Le HUSKY est un chien de travail. Grâce à sa force et sa résistance, c'est le chien qui tire les traîneaux dans le Grand Nord. Il peut courir sur de grandes distances.

D'où vient-il ?

Le HUSKY est originaire de Sibérie, en Russie. Il fut importé en Amérique du Nord vers 1910 puis élevé dans tout le nord du continent.

Bon à savoir...

Le HUSKY a besoin de courir sinon son train arrière peut se paralyser. Ce chien à la voix rauque n'aboie presque jamais.

Joue et apprends !

Le HUSKY garde les troupeaux de vaches

Le HUSKY est un chien d'origine russe

Le HUSKY fait peur avec ses yeux rouges

Le HUSKY est très agressif

v   f   v   f   v   f   v   f

La souris

Fiche d'identité

20 centimètres, dont 11 pour sa longue queue

35 à 50 grammes

D'où vient-elle ?

Qui est-elle ?

La SOURIS peut être blanche, grise, chocolat, noire ou bicolore. Elle n'est que la forme domestique de la souris grise, ou souris commune, qui peuple nos maisons, caves et greniers. La souris est un rongeur.

Pourquoi certaines souris sont-elles blanches ?

La SOURIS blanche est une forme albinos de la souris grise. Son pelage est entièrement blanc, et ses yeux sont rouges. La souris blanche n'existe pas à l'état naturel.

Comment l'élever ?

La SOURIS est très active et agile. Elle mange surtout des graines, des légumes et du pain. Les souris s'apprivoisent très bien, aiment jouer, mais elles s'échappent très facilement !

Bon à savoir…

Les souris vivent depuis très longtemps avec les hommes. Les SOURIS, surtout les blanches, sont élevées depuis plus de deux cents ans, notamment comme animal de laboratoire. La SOURIS vit environ 2 ans (6 ans au maximum), souvent moins.

Joue et apprends !

La SOURIS
est un rongeur

v   f

Elle vit surtout
dans les maisons

v   f

La SOURIS blanche est
une variété de souris grise

v   f

Elle s'apprivoise
très bien

v   f

Le canari

Fiche d'identité

De 10 à 22 centimètres

De 16 à 40 grammes

D'où vient-il ?

Qui est-il ?

Le CANARI, aussi appelé « serin », est un petit oiseau connu pour son chant très mélodieux. Dans la nature, son plumage est vert et brun. Les oiseaux domestiques sont surtout d'un beau jaune vif ou orangé.

Comment l'élever ?

Le CANARI a besoin de grandes cages, car, plein de vie, il vole beaucoup. On le nourrit de graines et d'aliments spéciaux. Son chant est très varié et très agréable.

Comment vit-il ?

Dans ses îles d'origine, le CANARI habite les buissons et les arbustes touffus des forêts chaudes. Ce petit oiseau se nourrit de graines et de fruits.

Bon à savoir…

Le vrai nom de cet oiseau est le « serin des Canaries ». L'élevage de canaris est appelé la canariculture. Le CANARI est l'oiseau le plus souvent gardé en cage. Il vit en général 6 à 10 ans.

Joue et apprends !

Le CANARI est souvent…

1. jaune vif
2. tout noir
3. rouge à taches vertes

Il aime beaucoup…

1. miauler — MIAOU
2. chanter — CUI - CUI
3. ronfler — RON RON

Il habite surtout…

1. les marais
2. les buissons et les arbustes
3. les cavernes

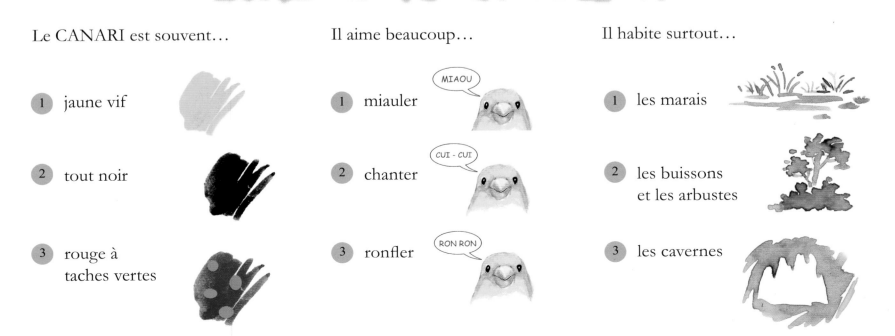

La perruche ondulée

Fiche d'identité

De 15 à 24 centimètres

De 30 à 80 grammes

D'où vient-elle ?

Qui est-elle ?

Il existe de nombreuses espèces de perruches, qui sont de petits perroquets. La PERRUCHE ONDULÉE est la forme de perruche domestique la plus courante. Elle est jaune, bleue, verte ou multicolore.

Comment vit-elle ?

En liberté, la PERRUCHE ONDULÉE habite les savanes sèches et très chaudes. Elle se nourrit surtout de graines. Elle chante très bien et souvent. Les mâles se battent violemment.

Comment l'élever ?

La PERRUCHE ONDULÉE a besoin de grandes cages. En captivité, on lui donne des aliments tout prêts à base de fruits et de graines. Elle n'est pas fragile.

Bon à savoir…

Les perruches sont gardées en captivité depuis l'Antiquité. L'élevage de la PERRUCHE ONDULÉE est répandu dans le monde entier à partir de 1850. Il existe une centaine de variétés. Elles vivent 6 à 8 ans, au maximum 18 ans.

Joue et apprends !

La PERRUCHE est de la famille des aigles

Elle habite les régions chaudes

Elle se nourrit de graines

Elle est souvent noire

v f   v f   v f   v f

Le cochon d'Inde

Fiche d'identité

De 15 à 30 centimètres

De 800 à 1 300 grammes

D'où vient-il ?

Qui est-il ?

Le COCHON D'INDE, ou cobaye, est aussi un rongeur et non pas un petit cochon ! Son poil est plus long et sa tête plus massive que le hamster. Il est souvent noir et blanc ou blanc et roux. Il trotte sur ses grosses pattes.

Comment vit-il ?

Le COCHON D'INDE sauvage habite les hautes montagnes de la Cordillère des Andes. Ce rongeur est actif le jour et la nuit. Il craint beaucoup les fortes chaleurs.

Comment l'élever ?

Le COCHON D'INDE est aussi un herbivore. Il aime beaucoup les légumes, les graines et le pain. L'animal est assez fragile mais son élevage est facile. Il est préférable de placer plusieurs COCHONS D'INDE ensemble.

Bon à savoir…

Son nom vient de l'ancien nom des Amériques, appelées « Les Indes ». Il était déjà domestiqué il y a plus de 3 000 ans chez les Incas. Il vit en moyenne 6 à 8 ans.

Joue et apprends !

Le COCHON D'INDE fait partie de la famille…

1. des porcs

2. des rongeurs

3. des dauphins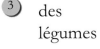

Il mange surtout…

1. de la viande

2. de la soupe

3. des légumes

Dans la nature, il habite…

1. dans la mer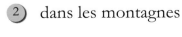

2. dans les montagnes

3. dans la forêt amazonienne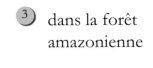

La tortue de Floride

Fiche d'identité

Jusqu'à 40 centimètres

Jusqu'à 3 kilos

D'où vient-elle ?

Qui est-elle ?

Cette TORTUE est aquatique. On la reconnaît à sa carapace plutôt plate et ses pattes munies de palmes. Elle est vert foncé, avec deux bandes rouges sur les tempes.

Comment vit-elle ?

La TORTUE DE FLORIDE habite les eaux douces et calmes remplies de végétation. Elle aime se chauffer au soleil. Très peureuse, elle plonge à la moindre alerte. Elle est carnivore.

Est-ce un animal domestique ?

Cette TORTUE n'est pas une race domestique, mais un animal sauvage vendu pour être gardé en captivité. Seules les personnes capables de bien l'élever peuvent l'acheter.

Bon à savoir…

La TORTUE DE FLORIDE vit entre 20 et 30 ans et au maximum environ 40 ans.

Joue et apprends !

La TORTUE DE FLORIDE mange…

1. des fruits
2. des petits animaux
3. des gâteaux

Elle vit en…

1. Afrique
2. Asie
3. Amérique du Nord

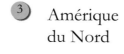

Elle a deux bandes rouges…

1. sur les côtés de la tête
2. sur la queue
3. sur la carapace

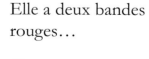
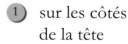
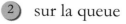
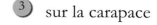

Le furet

Fiche d'identité

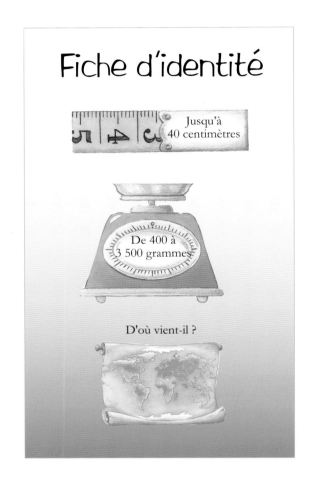

Jusqu'à 40 centimètres

De 400 à 3 500 grammes

D'où vient-il ?

Qui est-il ?

Mammifère carnivore, le FURET est la forme domestiquée du putois. On le reconnaît à son corps très allongé et sa queue touffue, ses courtes pattes, sa tête dotée d'un museau pointu et sa couleur claire.

Est-il dangereux ?

Le FURET s'éduque comme un chat. Il faut lui apprendre à ne pas mordre ses maîtres. Il est très intelligent et apprend vite à vivre dans une maison, mais il a une odeur… forte !

Comment vit-il ?

Très curieux et plein de vie, le FURET adore jouer, mais il dort au moins 16 heures par jour. Carnivore, on le nourrit avec de petits animaux ou des aliments pour furet.

Bon à savoir…

Le FURET a été domestiqué il y a plus de 2 500 ans. Les Grecs et les Romains, puis nos ancêtres du Moyen Âge, l'avaient déjà adopté comme animal de compagnie. Il vit en moyenne 10 ans et au maximum 17 ans.

Joue et apprends !

Le FURET est un carnivore	Il dort beaucoup	Il est très joueur	Il est plus gros qu'un hamster

v f   v f   v f   v f

Le hamster doré

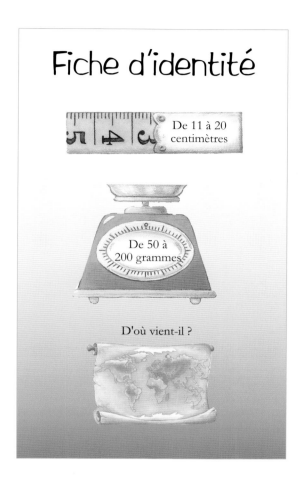

Fiche d'identité

De 11 à 20 centimètres

De 50 à 200 grammes

D'où vient-il ?

Qui est-il ?

Le HAMSTER DORÉ est un petit rongeur. Sa queue et ses pattes sont très courtes, son pelage est brun, roux ou noir. Une poche, appelée abajoue, située entre ses joues (les bajoues) et sa mâchoire, lui permet de stocker de la nourriture.

Comment vit-il ?

À l'état sauvage, le HAMSTER DORÉ habite les endroits chauds et secs. Il est surtout actif la nuit. En captivité, il doit faire beaucoup d'exercice.

Que mange-t-il ?

Le HAMSTER DORÉ est herbivore. Ses grandes incisives lui permettent de couper des végétaux assez durs. En captivité, le HAMSTER DORÉ se nourrit surtout de graines.

Bon à savoir…

Il existe plusieurs espèces de hamsters. Certains peuvent mordre fortement. Le HAMSTER DORÉ est le plus commun des hamsters de compagnie. Il vit souvent moins de 2 ans.

Joue et apprends !

| Le HAMSTER DORÉ a de grosses joues | C'est un félin | Il vit surtout la nuit | Il aime beaucoup les graines |

v   f   v   f   v   f   v   f

Le poisson rouge

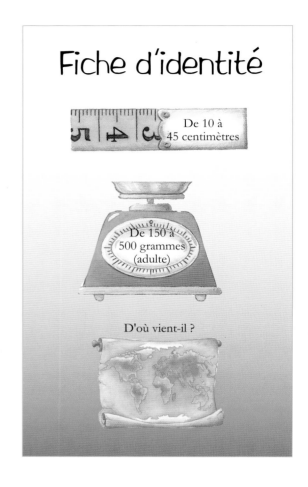

Fiche d'identité

De 10 à 45 centimètres

De 150 à 500 grammes (adulte)

D'où vient-il ?

Qui est-il ?

Le POISSON ROUGE est la forme domestique de la carpe. Il est souvent rouge, mais peut être aussi orange, blanc, noir ou de plusieurs couleurs. Certaines variétés ont de longues nageoires qui ressemblent à des voiles.

Comment vit-il ?

Le POISSON ROUGE aime les eaux calmes et fraîches. Il nage souvent en profondeur et se cache sous les plantes aquatiques. Il vit souvent en groupe.

Comment l'élever ?

Le POISSON ROUGE s'élève dans un grand aquarium (jamais dans un bocal) ou dans un bassin. Il se nourrit de vers, de petits animaux et d'herbes aquatiques.

Bon à savoir...

Le POISSON ROUGE est une forme naine des grandes carpes que l'on trouve dans les bassins des temples d'Asie. Dans la nature, ou s'il redevient sauvage, il est vert ou gris. Il vit jusqu'à 20 ans, parfois 50 ans.

Joue et apprends !

Le POISSON ROUGE vit dans la mer

v f

Il mange des herbes

v f

C'est une truite

v f

Il vient de Chine

v f

Mon grand animalier du Québec

Les animaux de la ferme

La chèvre

Fiche d'identité

60 à 70 centimètres au garrot

De 60 à 120 kilos

Où habite-t-elle ?

Les CHÈVRES habitent une bergerie, comme les moutons. Leur gardien est le chevrier ou le berger.

Qui est-elle ?

Des poils longs et rudes, des cornes et une barbiche, la CHÈVRE a une silhouette élancée. Sa robe peut être de différentes couleurs. Le mâle est le bouc et le petit, le chevreau.

Que donne-t-elle ?

La CHÈVRE nous donne surtout du lait, avec lequel on fabrique d'excellents fromages. On mange de moins en moins sa viande.

Comment vit-elle ?

La CHÈVRE est un ruminant qui se nourrit d'herbes et de feuilles. Elle paît souvent dans les terrains les plus pauvres. La CHÈVRE est agile et grimpe parmi les rochers.

Bon à savoir…

Comme le mouton, la CHÈVRE bêle. Le bouc, ombrageux et belliqueux, marque son territoire avec son urine à l'odeur très forte. On le sent de loin ! La CHÈVRE peut vivre entre 15 et 20 ans.

Joue et apprends !

La CHÈVRE mange...

1. de la viande
2. surtout de l'herbe
3. du poisson

On l'élève surtout pour...

1. sa rapidité à la course
2. son lait
3. ses cornes

Elle habite...

1. une volière
2. une écurie
3. une bergerie

Le mouton

Fiche d'identité

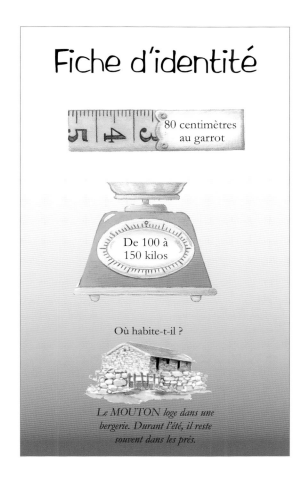

80 centimètres au garrot

De 100 à 150 kilos

Où habite-t-il ?

Le MOUTON loge dans une bergerie. Durant l'été, il reste souvent dans les prés.

Qui est-il ?

Son pelage épais et frisé, souvent clair, donne la laine. Le MOUTON est le nom générique donné à une famille complète. Le mâle est le bélier (il a de grandes cornes), la femelle est la brebis et le petit, l'agneau.

Comment vit-il ?

Le MOUTON est un ruminant. Il se nourrit uniquement d'herbe et de feuilles, mais il se contente d'herbes maigres et sèches. Il vit souvent en troupeau.

Travaille-t-il ?

Le berger ne l'élève que pour sa viande, pour le lait des brebis, qui donne des fromages forts, et, bien sûr, pour sa laine. Chaque année, les moutons sont tondus.

Bon à savoir…

Le MOUTON bêle ! Si la brebis et l'agneau sont très pacifiques, les béliers se battent entre eux lors des périodes d'accouplement, mais il n'y a jamais deux béliers adultes dans un troupeau, donc il y a très peu de combats. Il peut vivre jusqu'à 20 ans.

Joue et apprends !

Le bouc est le mâle de la brebis

v f

Le MOUTON mange des herbes maigres et sèches

v f

Le MOUTON est tondu pour sa laine

v f

On ne mange pas le MOUTON

v f

Le cochon

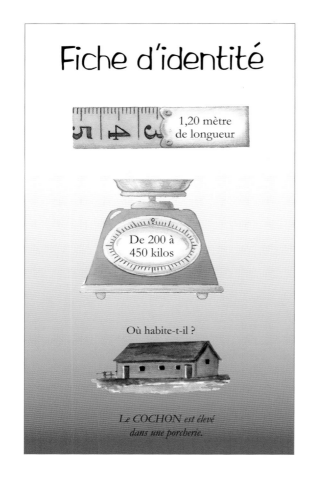

Fiche d'identité

1,20 mètre de longueur

De 200 à 450 kilos

Où habite-t-il ?

Le COCHON est élevé dans une porcherie.

Qui est-il ?

Souvent rose ou noir, un groin qui fouille partout et une petite queue en tire-bouchon, voici le COCHON ! Les cochons grognent, qu'ils soient contents ou en colère !

Le cochon est-il sale ?

Comme son cousin sauvage le sanglier, le COCHON protège sa peau en se vautrant dans la boue. Il n'est pas délicat et consomme toute sorte de restes...

Que mange-t-il ?

Tout, le COCHON mange de tout : des légumes, des racines, de la viande, etc. On dit qu'il est omnivore. Le fermier nourrit ses cochons avec des pâtées et des légumes. Il les élève pour leur chair.

Bon à savoir

On l'appelle aussi le porc. Il n'a pas un caractère toujours facile mais c'est un animal très intelligent. Il vit de 12 à 15 ans. Généralement, la truie met bas entre 10 et 12 petits une fois par an.

Joue et apprends !

Le COCHON mange...

1. seulement des fruits
2. seulement de la viande
3. de tout

On l'élève pour...

1. le faire travailler aux champs
2. sa chair
3. son lait

La queue du COCHON est...

1. en tire-bouchon
2. courte et raide
3. longue et raide

La vache canadienne

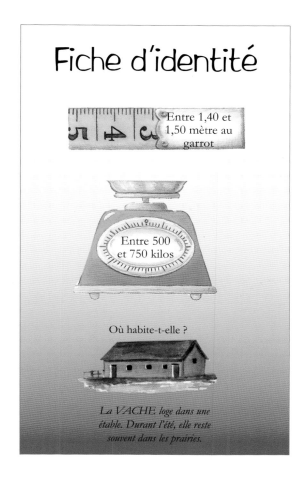

Fiche d'identité

Entre 1,40 et 1,50 mètre au garrot

Entre 500 et 750 kilos

Où habite-t-elle ?

La VACHE loge dans une étable. Durant l'été, elle reste souvent dans les prairies.

Qui est-elle ?

Avec son corps fin, ses cornes pointues, sa robe brune ou noire, son mufle humide et son pis gonflé de lait, la VACHE CANADIENNE a été la reine des prairies jusque dans les années 50. Elle a été supplantée depuis par des races plus productives.

Pourquoi est-elle élevée ?

La VACHE CANADIENNE est une vache laitière ; on ne l'élève que pour son lait, excellent et crémeux. Il faut la traire tous les jours.

Que mange-t-elle ?

De l'herbe, rien que de l'herbe en été, et du foin sec en hiver ! Alors, elle broute l'herbe qu'elle rumine ensuite longuement pour la mâcher.

Bon à savoir…

La race de VACHE CANADIENNE, propre au Québec, descend d'une race importée de France vers 1650, qui a disparu depuis.

Joue et apprends !

La VACHE se nourrit...

1. de viande
2. de soupe au pain
3. d'herbe et de foin

Pour se nourrir, la VACHE...

1. attrape les mouches avec sa langue
2. rumine l'herbe
3. chasse les petits animaux

Le museau de la VACHE s'appelle...

1. le pis
2. le bec
3. le mufle

Le cheval canadien

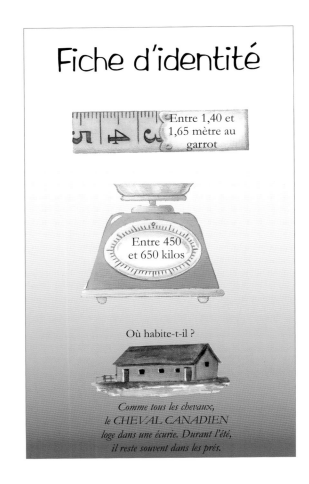
Qui est-il ?

Le CHEVAL CANADIEN est assez massif mais il est rapide et agile. Sa longue queue est très touffue. La robe, c'est-à-dire la couleur de ce cheval, est souvent noire.

Comment vit-il ?

Le CHEVAL CANADIEN se nourrit d'herbes quand il est au pré et de foin bien sec dans son écurie. Il vit entre 20 et 30 ans.

Travaille-t-il ?

Autrefois, le CHEVAL CANADIEN était utilisé lors des travaux des champs, pour tirer les charrettes ou comme monture pour les cavaliers. Maintenant, il excelle dans tous les domaines de l'équitation.

Bon à savoir...

La race du CHEVAL CANADIEN, apparue au Québec vers 1675 à partir de chevaux importés de France, appartient au Patrimoine animalier du Québec.

Joue et apprends !

Le CHEVAL CANADIEN est un cheval de loisirs

Le CHEVAL CANADIEN a une queue très courte

Le CHEVAL CANADIEN tirait les charrues

Le CHEVAL CANADIEN est souvent blanc

v   f   v   f   v   f   v   f

La poule chanteclerc

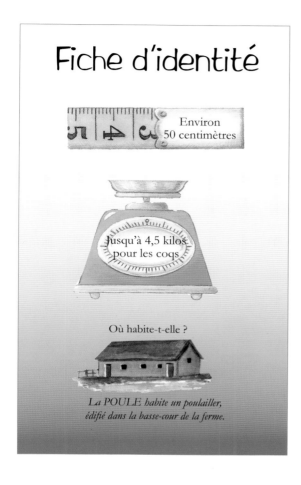

Fiche d'identité

Environ 50 centimètres

Jusqu'à 4,5 kilos pour les coqs

Où habite-t-elle ?

La POULE *habite un poulailler, édifié dans la basse-cour de la ferme.*

Qui est-elle ?

Souvent blanche, la POULE CHANTECLERC est une race typique du Québec. On la reconnaît parce que sa crête est absente ou minuscule.

Comment vit-elle ?

Perchée sur ses grandes pattes, elle marche, marche toujours, la tête baissée pour picorer au sol des graines, des vers et de la verdure. Certains mois, la poule pond un œuf tous les jours.

Que donne-t-elle ?

La POULE CHANTECLERC est élevée aussi bien pour ses œufs que pour sa chair. Les jeunes poules sont mangées sous le nom de poulet.

Bon à savoir...

La POULE CHANTECLERC est une race originaire du Québec ; elle appartient à son patrimoine animalier. Cette poule vit une dizaine d'années... si elle n'est pas mangée avant !

Joue et apprends !

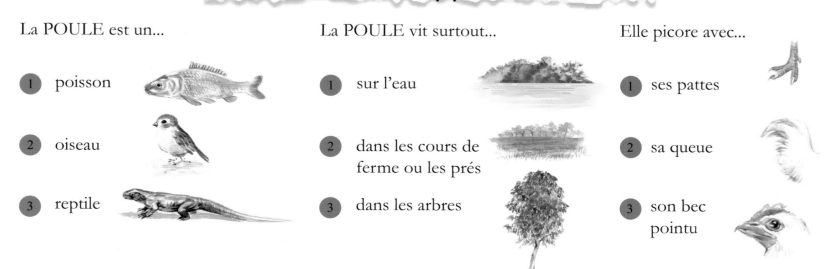

La POULE est un...
1. poisson
2. oiseau
3. reptile

La POULE vit surtout...
1. sur l'eau
2. dans les cours de ferme ou les prés
3. dans les arbres

Elle picore avec...
1. ses pattes
2. sa queue
3. son bec pointu

Le canard

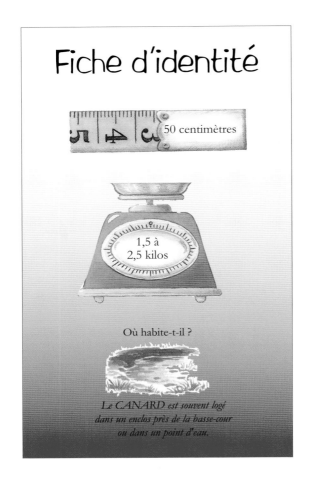

Fiche d'identité

50 centimètres

1,5 à 2,5 kilos

Où habite-t-il ?

Le CANARD est souvent logé dans un enclos près de la basse-cour ou dans un point d'eau.

Qui est-il ?

Le CANARD a un bec plat, des pattes palmées et une courte queue qu'il agite dès qu'il sort de l'eau. Selon la race, ses plumes peuvent prendre de très belles couleurs. Sa femelle est la cane.

À quoi sert-il ?

Le CANARD est élevé pour sa chair et les œufs de sa femelle, qui sont de petite taille. Beaucoup de canards sont élevés comme oiseau de compagnie.

Comment vit-il ?

Le CANARD aime beaucoup l'eau. Il fouille la vase avec son bec plat pour trouver des vers. Les canards de nos fermes sont des variétés domestiquées des espèces de canards sauvages, qui migrent pour passer l'hiver dans des endroits où ils trouveront de la nourriture plus facilement.

Bon à savoir

Le cri du CANARD est bien connu, on dit qu'il cancane. Le canard n'est pas agressif mais il ne se laisse pas facilement attraper ! Il peut vivre une dizaine d'années.

Joue et apprends !

Le CANARD aime l'eau	Le canard fouille dans la vase	La cane pond des œufs	Les pattes du canard sont palmées

v f   v f   v f   v f

Mon grand animalier du Québec

Les animaux aquatiques et marins

La baleine bleue

Fiche d'identité

20 à 33,5 mètres

100 à 190 tonnes

Où vit-elle ?

Qui est-elle ?

Malgré sa queue de poisson et ses grandes nageoires, la BALEINE BLEUE n'est pas un poisson mais un mammifère. C'est le plus gros animal de la Terre. Sa couche de graisse épaisse la protège des eaux froides.

Comment vit-elle ?

En plus de la retrouver dans les eaux froides et la mer, on peut également la voir dans l'estuaire du fleuve St-Laurent. Elle vient souvent respirer à la surface grâce à un orifice situé derrière la tête : l'évent.

Que mange-t-elle ?

Sa gueule est immense mais elle n'a pas de vraies dents. Avec ses grands fanons, la BALEINE BLEUE capture des crevettes (krills) et avale 3 à 4 tonnes de plancton par jour. Elle se nourrit également de larves et d'algues.

Bon à savoir...

La BALEINE BLEUE n'est pas bleue mais plutôt grise. Les baleines poussent des cris très puissants, que l'on appelle le « chant des baleines ». Elles sont en voie de disparition.

Joue et apprends !

La BALEINE BLEUE
est un poisson

Elle habite les
mers froides

Elle est muette

Elle mange des oiseaux

Le cachalot

Fiche d'identité

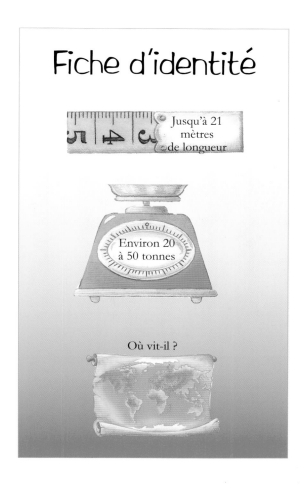

Jusqu'à 21 mètres de longueur

Environ 20 à 50 tonnes

Où vit-il ?

Qui est-il ?

Le CACHALOT est le plus gros des mammifères marins à dents. Celles-ci peuvent mesurer 25 centimètres de longueur !

Que mange-t-il ?

Adulte, le CACHALOT mâle dévore plus d'une tonne de nourriture par jour. Il capture surtout des pieuvres et des calmars, mais aussi des poissons. Il n'a pas peur de s'attaquer à des grands requins !

Nage-t-il bien ?

Le CACHALOT est un grand voyageur : un mâle adulte solitaire peut parcourir 10 000 kilomètres lors de ses migrations saisonnières, à l'automne et au printemps.

Bon à savoir...

Son énorme tête est remplie d'une réserve d'huile, appelée spermaceti ou blanc de baleine, pesant jusqu'à 5 tonnes !

Joue et apprends !

Le CACHALOT
a de grandes dents

v   f

Le CACHALOT
ne mange jamais
de calmars géants

v   f

Cet animal est
un mammifère

v   f

Le CACHALOT
n'est pas un bon nageur

v   f

La baleine à bosse

Fiche d'identité

Jusqu'à 19 mètres de longueur

Jusqu'à 38 tonnes

Où vit-elle ?

Qui est-elle ?

Le dos de la BALEINE À BOSSE est noir, ses nageoires antérieures, en forme d'aile d'avion, sont très longues et sa tête est ornée de petites bosses.

Comment vit-elle ?

En été, la BALEINE À BOSSE préfère les eaux froides, mais en hiver elle se reproduit dans les eaux tropicales. Cette grande voyageuse parcourt jusqu'à 25 000 kilomètres par an !

Est-elle agile ?

Malgré sa masse, la BALEINE À BOSSE effectue des bonds spectaculaires hors de l'eau, retombant lourdement dans une énorme gerbe d'eau.

Bon à savoir...

Malgré sa queue triangulaire et ses grandes nageoires, la BALEINE À BOSSE n'est pas un poisson mais un mammifère cétacé. Son chant puissant est très complexe.

Joue et apprends !

La BALEINE À BOSSE est blanche

La BALEINE À BOSSE est un acrobate

La BALEINE À BOSSE aime les eaux chaudes

La BALEINE À BOSSE est un poisson

v f   v f   v f   v f

Le béluga

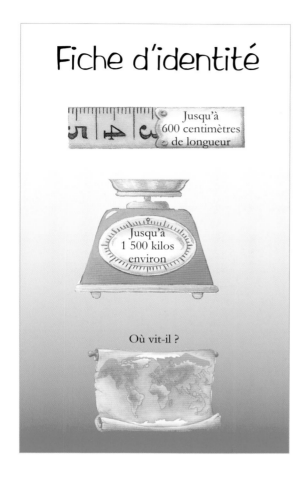

Fiche d'identité

Jusqu'à 600 centimètres de longueur

Jusqu'à 1 500 kilos environ

Où vit-il ?

Qui est-il ?

Le BÉLUGA est une baleine. Ce n'est donc pas un poisson mais un mammifère. Il est facile à reconnaître par sa grosse tête ronde et sa couleur blanche chez les animaux âgés. On l'appelle souvent la baleine blanche.

Chante-t-il ?

Le BÉLUGA siffle, grogne, couine ou produit des claquements. Très bruyant, il peut émettre plus d'une cinquantaine de sons différents !

Comment vit-il ?

Ce cétacé habite les eaux très froides. Il y plonge jusqu'à 600 mètres. Très sociable, le BÉLUGA vit toujours en groupe. Il se nourrit surtout de poissons, de calamars et de crustacés.

Bon à savoir...

Les jeunes BÉLUGAS sont gris foncé ; ils deviennent blancs à l'âge adulte. Cette espèce est très menacée par la chasse aux baleines.

Joue et apprends !

Le BÉLUGA se nourrit...

1 d'algues

2 de planctons

3 de poissons

Le BÉLUGA est de la famille des...

1 baleines

2 poissons volants

3 espadons

On reconnaît facilement le BÉLUGA grâce à...

1 ses nageoires bleues

2 son museau très long

3 sa couleur blanche

Le dauphin à flancs blancs

Qui est-il ?

Il a un corps fuselé, des ailerons et une queue triangulaire mais ce n'est pas un poisson. Le DAUPHIN À FLANCS BLANCS est évidemment un mammifère marin, comme tous les dauphins.

Comment vit-il ?

Ce dauphin n'habite que les eaux froides ou glaciales. Il est présent surtout près des côtes. Le DAUPHIN À FLANCS BLANCS vit souvent en groupe avec des baleines et d'autres espèces de dauphin.

Que mange-t-il ?

Le DAUPHIN À FLANCS BLANCS se nourrit de poissons et de calamars, qu'il capture grâce à sa rapidité et à ses 160 dents.

Bon à savoir...

Le DAUPHIN À FLANCS BLANCS se distingue des autres dauphins par le contraste entre son dos noir et ses flancs gris très pâle. Il est assez commun.

Fiche d'identité

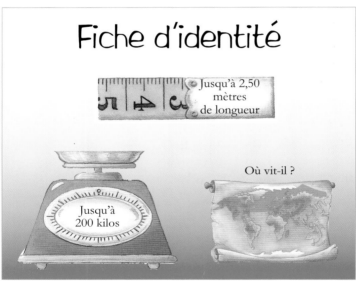

Jusqu'à 2,50 mètres de longueur

Jusqu'à 200 kilos

Où vit-il ?

Joue et apprends !

Le DAUPHIN À FLANCS BLANCS a aussi un dos blanc

Le DAUPHIN À FLANCS BLANCS vit en solitaire

Le DAUPHIN À FLANCS BLANCS se nourrit de calamars

Le DAUPHIN À FLANCS BLANCS aime les eaux chaudes

v f   v f   v f   v f

Le phoque commun

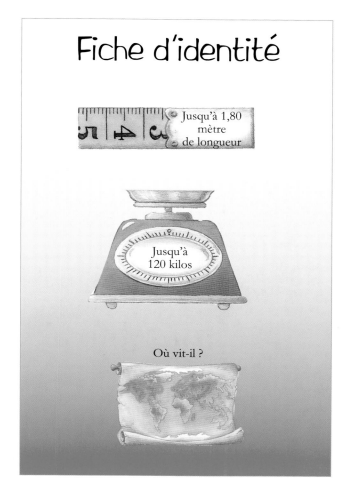

Jusqu'à 1,80 mètre de longueur

Jusqu'à 120 kilos

Où vit-il ?

Qui est-il ?

Un mammifère marin au corps fuselé et gris qui se traîne sur le ventre à terre mais qui nage comme un poisson, c'est le PHOQUE COMMUN. Ses pattes, courtes et larges, lui servent de nageoires.

Comment vit-il ?

Le PHOQUE COMMUN vit sur les rivages marins. On le voit se reposer sur les bancs de sable à marée basse ou nageant et plongeant lorsque la marée est haute.

Est-il sociable ?

Les PHOQUES vivent en d'immenses colonies. Les jeunes sont très joueurs mais attention, un phoque peut être agressif !

Bon à savoir...

Le corps du PHOQUE COMMUN est protégé du froid par une épaisse couche de graisse. Cette espèce est très menacée par la chasse et l'urbanisation des côtes.

Joue et apprends !

Le PHOQUE COMMUN vit surtout dans les eaux chaudes

v f

Le PHOQUE COMMUN est un animal sociable

v f

Le PHOQUE COMMUN est un excellent coureur

v f

Le PHOQUE COMMUN est une espèce menacée

v f

Le homard de l'Atlantique

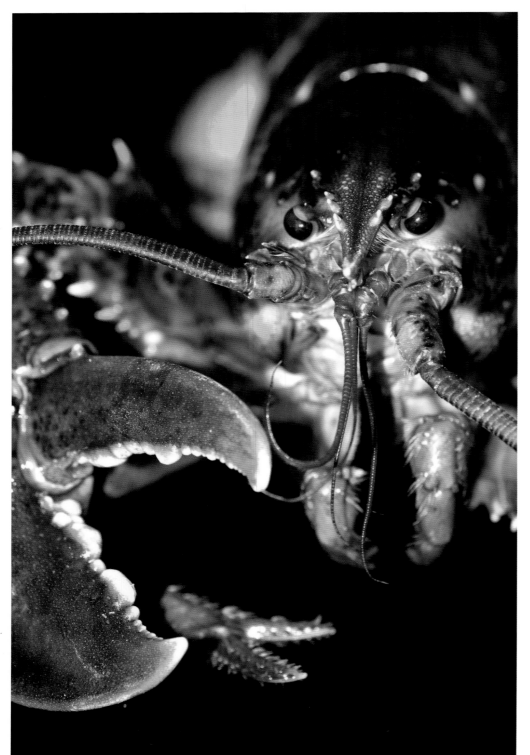

Qui est-il ?

Le HOMARD DE L'ATLANTIQUE est un grand crustacé marin. Son corps, protégé par une carapace robuste noire et orange, supporte deux grosses pinces et dix pattes ; il se termine par une queue puissante.

Comment nage-t-il ?

En effectuant des battements avec sa queue, le HOMARD DE L'ATLANTIQUE nage en reculant. Lorsqu'il se déplace sur les fonds marins, il ne se sert que de ses pattes.

Où vit-il ?

Le HOMARD DE L'ATLANTIQUE habite les eaux froides des fonds marins bordant les côtes rocheuses. Il se cache sous des rochers ou dans un terrier creusé dans le sable. Il ne sort jamais de l'eau.

Bon à savoir...

En raison de leur chair succulente, tous les homards sont pêchés en grande quantité ; ces espèces deviennent rares.

Fiche d'identité

Jusqu'à 100 centimètres de longueur

Jusqu'à 20,1 kilos

Où vit-il ?

Joue et apprends !

Le HOMARD DE L'ATLANTIQUE est un...

1. poisson
2. crustacé
3. mollusque

Le HOMARD DE L'ATLANTIQUE vit surtout...

1. sur le sable des plages
2. parmi les rochers des fonds marins
3. dans la vase

Le HOMARD DE L'ATLANTIQUE se reconnaît à...

1. ses nageoires rouges
2. sa coquille jaune
3. sa carapace noire et orange

L'ours polaire

Qui est-il ?

L'OURS POLAIRE est le plus gros et le plus fort des mammifères de l'Arctique. Il a une épaisse fourrure blanc-crème qui le protège du froid et qui lui est utile pour se fondre dans le paysage lorsqu'il chasse.

Comment se comporte-t-il ?

L'OURS POLAIRE est agile et rapide et n'aime pas la vie en groupe. C'est un très bon nageur et il peut rester immergé dans l'eau gelée pendant deux minutes.

Comment chasse-t-il ?

Il s'aplatit comme un chat, il glisse furtivement sur la banquise et se lance sur sa proie avant qu'elle ne puisse s'échapper. Il chasse notamment les phoques et mange également des caribous, des œufs et des algues.

Et la femelle ?

La femelle creuse sa tanière sur une pente, ainsi la neige s'accumule à l'extérieur en l'isolant sans la bloquer.

Fiche d'identité

2,5 à 3 mètres

750 kilos

Où vit-il ?

Joue et apprends !

L'OURS POLAIRE est un...

1. reptile
2. mammifère
3. insecte

L'OURS POLAIRE vit...

1. dans les arbres
2. sur la banquise
3. sur la plage

Il chasse les...

1. papillons
2. phoques
3. grenouilles

La loutre du Canada

Comment est-elle ?

Un corps fuselé, une fourrure lisse, des pattes puissantes dont les doigts sont palmés, le corps de la LOUTRE DU CANADA est dessiné pour qu'elle nage comme une championne !

Comment vit-elle ?

La LOUTRE DU CANADA est très aquatique, bien qu'elle vienne souvent sur la terre ferme. Elle habite les rivières, les lacs, les marais et les estuaires des fleuves.

Que mange-t-elle ?

Beaucoup de poissons, qu'elle attrape facilement car la LOUTRE est très rapide. Vorace, elle chasse aussi des insectes, des grenouilles, des oiseaux et des petits mammifères.

Bon à savoir...

LA LOUTRE DU CANADA est très joueuse. La mère et ses petits se laissent rouler sur les berges pour finir leur course dans l'eau ! Mais attention, ce mammifère mord fortement s'il est en colère.

Fiche d'identité

Jusqu'à 120 centimètres de longueur avec la queue

Jusqu'à 9,2 kilos

Où vit-elle ?

Joue et apprends !

La LOUTRE DU CANADA est un...

1. poisson
2. reptile
3. mammifère

La LOUTRE DU CANADA aime...

1. l'eau
2. le sable
3. les grands champs de blé

La fourrure de la LOUTRE DU CANADA est...

1. épineuse
2. lisse
3. frisée

Le ouaouaron

Qui est-il ?

Le OUAOUARON est l'une des plus grosses grenouilles du monde ; il peut atteindre une longueur totale de 45 cm ! On le reconnaît facilement à son énorme tympan.

Comment vit-il ?

Aquatique, il habite les lacs et les grands étangs garnis de végétation. Cette grenouille très vorace capture de nombreux petits animaux.

Chante-t-il ?

Au Québec, le OUAOUARON porte ce nom parce que les mâles chantent en poussant un puissant "oua-ouaaa-roooon". Comme ce cri rappelle aussi le mugissement du taureau, cette grenouille est aussi appelée la GRENOUILLE-TAUREAU.

Bon à savoir...

Au printemps, cette grenouille pond dans l'eau jusqu'à 12 000 œufs. Les têtards éclosent après quelques jours mais seuls deux ou trois parviendront à l'âge adulte.

Fiche d'identité

Jusqu'à 20,5 centimètres pour le corps

Jusqu'à 1 kilo

Où vit-il ?

Joue et apprends !

Le OUAOUARON s'appelle ainsi parce que son chant...

1. ressemble au bruit d'une machine
2. ressemble au cri d'un taureau
3. ressemble au bruit d'un avion

Le OUAOUARON vit surtout...

1. dans les rivières et les lacs
2. dans les herbes
3. dans la mer

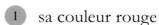

Le OUAOUARON se reconnaît à...

1. sa couleur rouge
2. sa longue queue
3. son grand tympan

L'esturgeon noir

Qui est-il ?

L'ESTURGEON NOIR est un gros poisson sombre, que l'on reconnaît à ses flancs garnis de rangées de plaques osseuses et à sa tête pointue prolongée par un rostre.

Où habite-t-il ?

L'ESTURGEON NOIR est un poisson marin qui, depuis les estuaires, remonte les grands fleuves au courant lent et au fond vaseux pour venir pondre dans les eaux douces.

Que mange-t-il ?

Grâce à son rostre et à sa bouche horizontale dépourvue de dents, l'ESTURGEON NOIR fouille la vase à la recherche de vers et surtout de petits crustacés et coquillages.

Bon à savoir

L'ESTURGEON NOIR est très menacé, car les femelles sont capturées avant la ponte pour leurs milliers d'œufs : c'est le caviar. L'espèce est maintenant protégée.

Fiche d'identité

Jusqu'à 4,30 mètres de longueur

Jusqu'à 360 kilos

Où vit-il ?

Joue et apprends !

L'ESTURGEON NOIR est un poisson marin

v   f

L'ESTURGEON NOIR a de grandes dents

v   f

L'ESTURGEON NOIR est très coloré

v   f

L'ESTURGEON NOIR produit le caviar

v   f

Mon grand animalier du Québec

Les animaux des prairies et des forêts

Le raton laveur

Qui est-il ?

Le RATON LAVEUR est un mammifère au manteau grisâtre, avec un « masque » sombre sur le museau. Sa queue, rayée de noir et de gris-jaune, mesure 25 cm.

S'adapte-t-il facilement ?

Le RATON LAVEUR est un animal qui s'adapte à tous les milieux et qui peut survivre même dans les jardins situés aux périphéries des villes.

Pourquoi ce nom ?

Le RATON LAVEUR est appelé ainsi car il a l'habitude de « laver » avec beaucoup de soin la nourriture qu'il ingurgite. Il se nourrit de poissons, de palourdes, d'écrevisses, de fruits et de noix.

Et en hiver ?

Le RATON LAVEUR accumule des réserves de graisse qu'il utilise en période hivernale, mais ce n'est cependant pas une véritable hibernation.

Fiche d'identité

40 à 60 centimètres

4 à 9 kilos

Où vit-il ?

Joue et apprends !

Le RATON LAVEUR a un masque foncé sur le museau

Le RATON LAVEUR lave avec soin sa nourriture

Sa queue est rayée

Le RATON LAVEUR peut vivre dans les jardins

v f   v f   v f   v f

La mouffette rayée

Fiche d'identité

Jusqu'à 65 centimètres de longueur

Jusqu'à 6,3 kilos

Où vit-elle ?

Qui est-elle ?

Un corps noir orné de deux larges bandes blanches sur le dos, une queue blanche très touffue, la MOUFFETTE RAYÉE est un joli mammifère proche des carcajous.

Comment vit-elle ?

Cachée dans son terrier dans la journée, la MOUFFETTE RAYÉE est active la nuit. Elle vit aussi bien dans les forêts que dans les cultures ou aux abords des villes. Elle se nourrit de petits animaux, d'œufs et de fruits.

Comment se défend-elle ?

La MOUFFETTE RAYÉE doit sa réputation à l'odeur nauséabonde qu'elle dégage en arrosant tout ennemi potentiel avec un liquide émis par ses glandes anales. Cette odeur est aussi repoussante que tenace !

Bon à savoir...

Très commune, la MOUFFETTE RAYÉE vit souvent près de l'homme. On la connaît aussi sous le vocable de bête puante.

Joue et apprends !

La MOUFFETTE RAYÉE se défend avec...

1. le liquide de ses glandes anales
2. des coups de fouet donnés avec sa queue
3. ses griffes

La MOUFFETTE RAYÉE est surtout active...

1. en plein soleil
2. quand il pleut
3. la nuit

La MOUFFETTE RAYÉE est...

1. tigrée
2. verte avec des points noirs
3. noire avec deux raies blanches

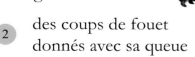

Le renard roux

Qui est-il ?

Le RENARD est un mammifère de la famille du chien, très agile et rapide, qui possède un museau pointu, une longue queue pouvant mesurer jusqu'à 45 centimètres, un pelage épais et de grandes oreilles.

Comment vit-il ?

Il vit dans la forêt mais il s'adapte très bien à tous les milieux et peut s'aventurer jusqu'à la périphérie des villes, à la recherche de nourriture.

Comment est son pelage ?

Le pelage du RENARD est épais avec des poils hirsutes. Sa couleur varie du gris au brun roux (la plus commune). La partie inférieure de sa gueule est blanche.

Que mange-t-il ?

Le RENARD se nourrit principalement de petits mammifères, d'oiseaux, d'œufs, de poissons, de baies et parfois de poules !

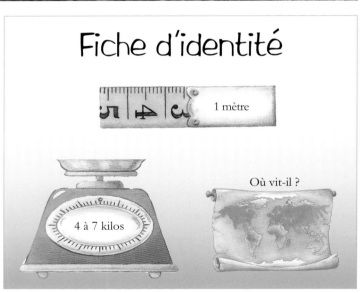

Fiche d'identité

1 mètre

4 à 7 kilos

Où vit-il ?

Joue et apprends !

Où vit le RENARD ?

1 En forêt

2 Dans la savane

3 En mer

Le RENARD mange…

1 des poules

2 de l'herbe

3 des ananas

Son manteau est…

1 roux

2 jaune

3 maculé

La marmotte commune

Fiche d'identité

60 centimètres

3 kilos

Où vit-elle ?

Qui est-elle ?

La MARMOTTE COMMUNE est un petit mammifère rongeur au pelage marron. Sa queue, longue de 16 centimètres, est noire. Ses dents, tranchantes, sont très grandes.

Comment est sa tanière ?

Au printemps, la MARMOTTE COMMUNE construit une tanière de dix mètres de longueur et trois mètres de profondeur. En hiver, elle hiberne pendant au moins huit mois.

Comment survit-elle ?

Sans nourriture, son corps réduit au minimum ses fonctions vitales : le cœur ralentit ses battements jusqu'à quatre par minute, temps pendant lequel elle ne respire qu'une seule fois. Elle se nourrit d'herbes, de graines et de racines.

Bon à savoir...

En été, la MARMOTTE COMMUNE vit en solitaire. Elle surveille son territoire en permanence et compte sur son ouïe excellente pour échapper aux prédateurs.

Joue et apprends !

La MARMOTTE COMMUNE entre en…

1. retraite
2. vacances
3. hibernation

La MARMOTTE COMMUNE mange…

1. des oiseaux
2. des poissons
3. de l'herbe

Sa tanière est…

1. profonde
2. courte
3. ouverte

Le porc-épic

Qui est-il ?

Le PORC-ÉPIC est un rongeur dont une partie des poils s'est transformée en 30 000 piquants bruns très acérés. Son corps est massif, ses griffes sont puissantes.

Comment vit-il ?

Le PORC-ÉPIC habite surtout les forêts et les arbustes. Lent mais agile, il passe beaucoup de temps au sommet des arbres. Il se nourrit surtout d'écorces et de feuilles d'arbres.

Est-il dangereux ?

Ce rongeur solitaire et paisible est protégé par ses piquants redoutables. Toutefois, il peut aussi les planter dans le corps d'un agresseur, qui risque alors de souffrir de graves blessures.

Et les petits ?

Le PORC-ÉPIC possède naturellement des antibiotiques qui le protègent des blessures de ses propres piquants. Cette espèce est commune.

Fiche d'identité

Jusqu'à 90 centimètres de longueur

Jusqu'à 14 kilos

Où vit-il ?

Joue et apprends !

Le PORC-ÉPIC est de la famille des carnivores

v   f

Le PORC-ÉPIC habite surtout le sommet des arbres

v   f

Le PORC-ÉPIC se défend grâce à ses dents

v   f

Le PORC-ÉPIC possède des griffes puissantes

v   f

Le rat musqué

Fiche d'identité

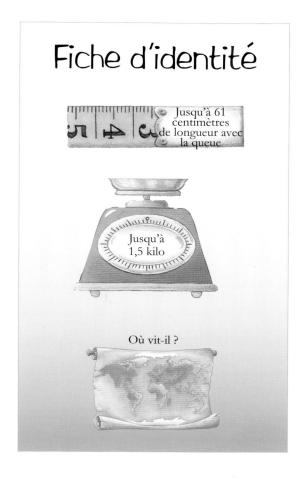

Jusqu'à 61 centimètres de longueur avec la queue

Jusqu'à 1,5 kilo

Où vit-il ?

Qui est-il ?

Le RAT MUSQUÉ est un rongeur au museau rond et à la queue comprimée comme une rame. Son pelage est gris foncé ou noir. Ses incisives sont très développées.

Où habite-t-il ?

Le RAT MUSQUÉ ne vit que tout près de l'eau. Il habite les berges des lacs, des étangs et des fleuves, ainsi que les abords des marais.

Comment vit-il ?

Un rongeur aquatique herbivore, tel est le RAT MUSQUÉ. En effet, grâce à ses fortes griffes, il creuse des terriers dans les berges sous le niveau de l'eau ou se construit des abris de feuilles. Il nage très bien.

Bon à savoir...

Le RAT MUSQUÉ, originaire d'Amérique du Nord, a été introduit en Europe et en Asie, où il cause de gros dégâts sur les berges.

Joue et apprends !

Le RAT MUSQUÉ creuse ses terriers près de l'eau

Le RAT MUSQUÉ vit surtout dans les prairies

Le RAT MUSQUÉ chasse les poissons

Le RAT MUSQUÉ se reconnaît à sa queue en forme de rame

v f   v f   v f   v f

La couleuvre rayée

Fiche d'identité

Jusqu'à 137 centimètres de longueur

Jusqu'à 100 grammes pour les grosses femelles

Où vit-elle ?

Qui est-elle ?

La COULEUVRE RAYÉE est un petit serpent de la famille des couleuvres aquatiques que l'on reconnaît à ses rayures jaunes et noires. Ses écailles sont douces et absolument pas visqueuses.

Où vit-elle ?

Cette couleuvre habite les endroits humides, comme les prairies, les forêts et les berges des mares et des rivières. Elle se dissimule dans l'herbe et les buissons.

Comment vit-elle?

La COULEUVRE RAYÉE aime le soleil mais elle se baigne souvent. Ce serpent se nourrit surtout de grenouilles et de poissons. Elle ne pond pas d'œufs mais donne naissance à des serpenteaux.

Bon à savoir...

Très commune, même près des villages, la COULEUVRE RAYÉE est inoffensive ; elle ne cherche pas à mordre.

Joue et apprends !

La COULEUVRE RAYÉE est venimeuse

v   f

La COULEUVRE RAYÉE se nourrit surtout de grenouilles

v   f

La COULEUVRE RAYÉE vit dans les déserts

v   f

La COULEUVRE RAYÉE pond des œufs

v   f

La couleuvre verte

Fiche d'identité

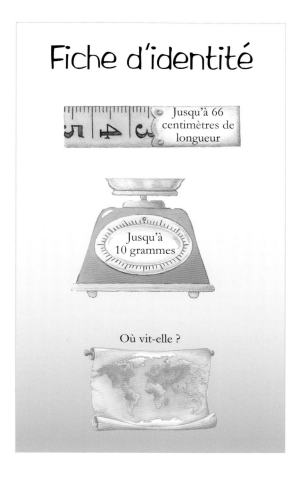

Jusqu'à 66 centimètres de longueur

Jusqu'à 10 grammes

Où vit-elle ?

Qui est-elle ?

Verte comme l'herbe sur le dos, la COULEUVRE VERTE porte bien son nom. Les écailles de ce petit serpent au corps fin et souple sont lisses et soyeuses.

Pourquoi est-elle verte ?

La COULEUVRE VERTE vit parmi les herbes et les taillis, où sa couleur la rend invisible dans la végétation. Ce serpent est un génie du camouflage ! Elle peut même monter dans les buissons.

Comment vit-elle ?

La COULEUVRE VERTE aime le soleil mais on le voit rarement. Elle préfère se dissimuler sous quelques brins d'herbe, d'où elle guette ses proies : insectes, chenilles et araignées. Elle pond de petits œufs blancs.

Bon à savoir...

Certainement le plus élégant des serpents du Québec, la COULEUVRE VERTE est totalement inoffensive.

Joue et apprends !

Les écailles de la COULEUVRE VERTE sont lisses comme de la soie

v   f

La COULEUVRE VERTE vit surtout dans des terriers

v   f

La COULEUVRE VERTE chasse les lézards

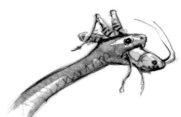

v   f

La COULEUVRE VERTE est une bonne grimpeuse

v   f

49

La grenouille des bois

Qui est-elle ?

La GRENOUILLE DES BOIS est brune ou grise, jamais verte. Sa peau, nue et lisse, doit rester humide. Ses grosses cuisses lui permettent de faire des bonds impressionnants.

Que mange-t-elle ?

Comme toutes les grenouilles, elle est très vorace. La GRENOUILLE DES BOIS capture des insectes, des vers et des araignées.

Comment vit-elle ?

La GRENOUILLE DES BOIS habite les forêts humides et fraîches. En hiver, elle hiberne longuement. Au printemps, la femelle pond plus de 1 000 œufs dans les mares forestières.

Bon à savoir...

La GRENOUILLE DES BOIS habite des régions glaciales en hiver. Elle supporte d'être congelée durant l'hibernation sans dommage pour son organisme !

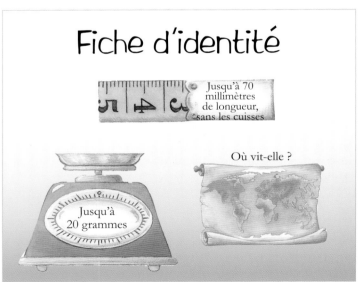

Fiche d'identité

Jusqu'à 70 millimètres de longueur, sans les cuisses

Jusqu'à 20 grammes

Où vit-elle ?

Joue et apprends !

La GRENOUILLE DES BOIS habite les forêts humides

v   f

La GRENOUILLE DES BOIS a la peau couverte de pustules

v   f

La GRENOUILLE DES BOIS se nourrit de bois

v   f

La GRENOUILLE DES BOIS pond jusqu'à 1 000 œufs

v   f

La tortue des bois

Fiche d'identité

Jusqu'à 25 centimètres de longueur

Jusqu'à 1 kilo

Où vit-elle ?

Qui est-elle ?

La TORTUE DES BOIS est peu colorée mais c'est pour mieux passer inaperçue ! Sa carapace brune et striée la rend presque invisible sur le sol des forêts ou sur le fond des rivières.

Comment vit-elle ?

Cette petite tortue est aquatique. Elle apprécie les rivières et les mares à fonds sableux ou pierreux. En été, la TORTUE DES BOIS préfère vivre sur le sol des sous-bois humides.

Que mange-t-elle ?

Très vorace, la TORTUE DES BOIS se nourrit de plantes aquatiques et de fruits. Elle capture aussi des vers, des mollusques et des poissons.

Bon à savoir...

La TORTUE DES BOIS est une espèce rare et menacée au Québec. La dégradation des forêts nuit beaucoup à ce petit reptile.

Joue et apprends !

La TORTUE DES BOIS vit surtout...

1. dans la mer
2. dans les rivières et les mares
3. sur la banquise

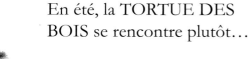

En été, la TORTUE DES BOIS se rencontre plutôt…

1. dans des terriers
2. dans les bois humides
3. au fond des grands lacs

La carapace de la TORTUE DES BOIS est…

1. brune et striée
2. noires et toute lisse
3. jaune avec une crête

Le lièvre d'Amérique

Fiche d'identité

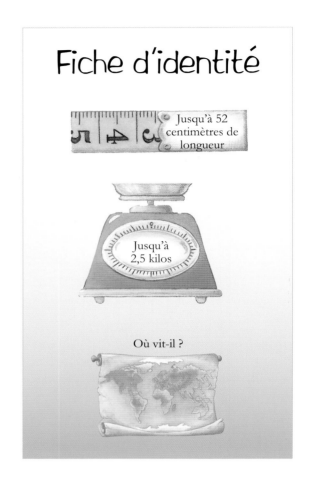

Jusqu'à 52 centimètres de longueur

Jusqu'à 2,5 kilos

Où vit-il ?

Qui est-il ?

Le LIÈVRE D'AMÉRIQUE n'est pas un lapin sauvage. Ses pattes postérieures sont plus longues. Son pelage est brun en été mais il devient blanc pour la saison hivernale.

Comment vit-il ?

Le LIÈVRE D'AMÉRIQUE vit en solitaire sur son territoire. Il se nourrit d'herbes et de plantes. La femelle, la hase, donne naissance à environ 20 levrauts par an.

Où habite-t-il ?

Le LIÈVRE D'AMÉRIQUE habite les grandes forêts, les taillis et les broussailles. Il ne creuse pas de terrier mais s'abrite sous la végétation dans une cachette que l'on appelle un gîte.

Est-il rapide ?

Grâce à ses pattes postérieures musclées, il atteint 45 km/h et peut effectuer des bonds de trois mètres !

Joue et apprends !

Le LIÈVRE D'AMÉRIQUE creuse de profonds terriers

v   f

Le LIÈVRE D'AMÉRIQUE vit surtout dans les forêts

v   f

Le LIÈVRE D'AMÉRIQUE bondit grâce à sa longue queue

v   f

Le LIÈVRE D'AMÉRIQUE devient blanc en hiver

v   f

La salamandre maculée

Fiche d'identité

Jusqu'à 25 centimètres de longueur

Jusqu'à 20 grammes

Où vit-elle ?

Qui est-elle ?

On reconnaît la SALAMANDRE MACULÉE à son corps massif et boudiné et à ses belles taches jaunes ou orange sur un fond noir.

Comment vit-elle ?

La SALAMANDRE MACULÉE habite la litière des forêts très humides et la végétation bordant les mares. Très discrète, elle sort de son abri la nuit ou lors de fortes averses pour capturer des insectes et des vers.

Court-elle vite ?

La SALAMANDRE MACULÉE a des pattes très courtes. Comme toutes les salamandres, elle se déplace très lentement. Elle nage très mal quand elle est adulte.

Bon à savoir...

La SALAMANDRE MACULÉE est commune mais très discrète. Elle ressemble à un lézard mais sa peau est nue car c'est un amphibien.

Joue et apprends !

La SALAMANDRE MACULÉE a la peau couverte d'écailles

v   f

La SALAMANDRE MACULÉE vit toujours dans l'eau

v   f

La SALAMANDRE MACULÉE aime le soleil

v   f

La SALAMANDRE MACULÉE a le corps tacheté

v   f

L'écureuil roux

Fiche d'identité

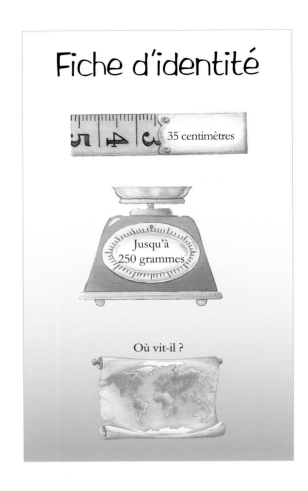

35 centimètres

Jusqu'à 250 grammes

Où vit-il ?

Qui est-il ?

Avec sa queue longue et touffue et un corps fuselé, l'ÉCUREUIL ROUX est bâti pour être agile. Ce rongeur a des incisives très développées pour percer les fruits durs.

Comment vit-il ?

L'ÉCUREUIL ROUX habite les forêts. Il niche dans le trou d'un arbre ou sous un tas de feuilles. En hiver, il ne quitte que rarement sa tanière.

Que mange-t-il ?

L'ÉCUREUIL ROUX passe beaucoup de temps sur le sol. On le voit souvent gratter la terre pour rechercher des graines ou des champignons. Il est très vorace !

Bon à savoir...

En automne, l'ÉCUREUIL ROUX change de couleur pour mieux passer inaperçu dans la forêt. Son dos devient gris et son ventre est tout blanc.

Joue et apprends !

L'ÉCUREUIL ROUX hiberne

v   f

Il utilise sa queue pour nager

v   f

Il habite dans les arbres

v   f

Il vit au pôle Nord

v   f

Le vison d'Amérique

Fiche d'identité

Jusqu'à 65 centimètres de longueur

Jusqu'à 2 kilos

Où vit-il ?

Qui est-il ?

Avec son corps très élancé et son épaisse fourrure brune, le VISON D'AMÉRIQUE est aussi à l'aise pour se faufiler discrètement dans les herbes que pour nager dans une rivière !

Comment vit-il ?

Le VISON D'AMÉRIQUE creuse son terrier sur les berges des cours d'eau et des lacs. En partie aquatique, il se nourrit surtout de poissons mais aussi d'autres petits animaux.

Pourquoi est-il élevé en captivité ?

La fourrure du vison est très recherchée pour la confection des manteaux et des cols en fourrure. Cet animal est maintenant beaucoup élevé en captivité.

Bon à savoir...

Les visons peuvent s'apprivoiser mais, attention, cet animal mord fortement s'il est en colère !

Joue et apprends !

Le VISON D'AMÉRIQUE vit dans les arbres

v f

La fourrure du VISON D'AMÉRIQUE est blanche

v f

La fourrure du VISON D'AMÉRIQUE est très recherchée

v f

Le VISON D'AMÉRIQUE aime beaucoup les fruits

v f

Le castor du Canada

Fiche d'identité

90 à 120 centimètres

15 à 35 kilos

Où vit-il ?

Qui est-il ?

Le CASTOR DU CANADA est un rongeur qui s'est adapté à la vie aquatique. Il a un corps fuselé, de grands yeux, des pattes et des griffes robustes. Sa queue plate mais épaisse mesure environ 30 centimètres.

Comment est sa maison ?

Le CASTOR DU CANADA construit sa tanière près de l'eau, avec des petites branches mélangées à de la boue. Protégé de l'extérieur par une digue, son refuge est à moitié dans l'eau. Il se nourrit de feuilles, d'herbes, d'écorces et de petits rameaux.

Comment utilise-t-il ses incisives ?

Ses incisives, fortes et pointues, permettent au CASTOR DU CANADA de ronger circulairement les troncs des arbres jusqu'à les abattre. Bien sûr, il les utilise aussi pour se nourrir !

Comment est sa queue ?

La queue du CASTOR DU CANADA est plate, poilue et recouverte d'écailles. Le CASTOR l'utilise comme gouvernail lorsqu'il est dans l'eau.

Joue et apprends !

Le CASTOR utilise sa queue comme...

Le CASTOR abat des...

Il construit sa tanière dans...

1	2	3	1	2	3	1	2	3
balai	gouvernail	nageoire	murs	arbres	ponts	les arbres	l'eau	les grottes

Le carcajou

Qui est-il ?

Ce mammifère carnivore ressemble à un petit ours qui porterait un masque noir. En effet, son museau et ses joues sont d'un noir profond. Sa queue est touffue.

Comment vit-il ?

Sauvage et solitaire, le CARCAJOU habite les immenses forêts de sapins et la toundra arctique. Il se nourrit surtout de carcasses de gros animaux mais il chasse aussi des proies vivantes.

Comment se défend-il ?

Le CARCAJOU est considéré comme l'animal le plus féroce du Grand Nord ! Agressif, très fort et possédant de puissantes mâchoires, il peut être très dangereux.

Bon à savoir....

Le CARCAJOU est maintenant très rare au Québec. Dans les autres pays francophones, cet animal s'appelle le glouton.

Fiche d'identité

Jusqu'à 110 centimètres de longueur

Jusqu'à 18 kilos

Où vit-il ?

Joue et apprends !

Le CARCAJOU se défend...

1. en donnant des coups de fouet avec sa queue
2. en mordant avec ses puissantes mâchoires
3. en s'enfouissant dans le sol

Le CARCAJOU habite surtout...

1. les plages de la Baie d'Hudson
2. les rives du Saint-Laurent
3. les forêts du Grand Nord

Le CARCAJOU mange essentiellement...

1. des racines
2. des carcasses d'animaux morts
3. des poissons de mer

Le cerf de Virginie

Fiche d'identité

Jusqu'à 105 centimètres au garrot et 206 cm de longueur

Jusqu'à 140 kilos

Où vit-il ?

Qui est-il ?

Le CERF DE VIRGINIE est un grand mammifère ruminant au corps agile. Il ressemble au cerf d'Europe mais on le reconnaît à sa queue blanche. En hiver, son pelage devient plus sombre.

Comment vit-il ?

Il habite surtout les forêts, les prairies et les vergers. Le CERF DE VIRGINIE vit en groupe. Il se nourrit d'herbe et de feuilles. Grâce à son pelage épais, il résiste aux hivers très froids.

Comment sont ses cornes ?

Seuls les mâles portent un panache appelé « bois », qui atteint jusqu'à 90 centimètres de hauteur. Chaque année, ce panache tombe à la fin de l'hiver et repousse au printemps.

Bon à savoir...

Cet animal très commun est souvent appelé « chevreuil » au Québec. Dans le dessin animé de Walt Disney, Bambi est un faon du CERF DE VIRGINIE.

Joue et apprends !

Le CERF DE VIRGINIE est un mammifère...

1. carnivore
2. marin
3. ruminant

Le CERF DE VIRGINIE vit surtout...

1. seul
2. en groupe
3. en couple

Le CERF DE VIRGINIE se reconnaît à...

1. son pelage tigré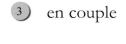
2. sa tête rouge
3. sa queue blanche

Le loup gris

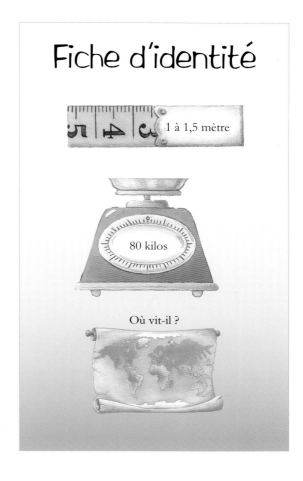

1 à 1,5 mètre

80 kilos

Où vit-il ?

Qui est-il ?

Le LOUP est un mammifère carnivore proche du chien, avec cependant une plus grosse tête et des dents plus aiguisées et plus robustes. La couleur de son pelage varie du gris au brun.

Comment se déplace-t-il ?

Lorsqu'ils partent chasser, les LOUPS se déplacent toujours en file indienne et traversent de vastes territoires d'environ 1 000 km^2.

Comment vit-il ?

Les LOUPS vivent en meutes et s'aident mutuellement pour chasser, affronter les dangers et protéger les petits des autres prédateurs. Ils mangent des cerfs, des petits mammifères et des baies.

Comment sont les petits ?

À la naissance, les petits du LOUP sont aveugles et ne se mettent sur leurs pattes qu'à partir du dixième jour.

Joue et apprends !

Le LOUP est herbivore

v   f

Le LOUP chasse
en file indienne

v   f

Ses petits
naissent aveugles

v   f

Ses dents sont robustes
et aiguisées

v   f

L'orignal

Fiche d'identité

Jusqu'à 2,30 mètres au garrot

Jusqu'à 815 kilos

Où vit-il ?

Qui est-il ?

L'ORIGNAL, de la famille des cerfs, se reconnaît à ses longues pattes et ses grands bois plats. Son pelage sombre est brun ou gris. Ses sabots palmés lui permettent de nager fort bien et de marcher sur des sols marécageux.

Comment vit-il ?

L'ORIGNAL habite les grandes forêts boréales et les marécages. Il vit en solitaire ou en couple. Cet animal aime beaucoup se baigner. Il se nourrit d'herbes, de feuilles d'arbres et de plantes aquatiques.

Est-il domestiqué ?

Cette espèce a été domestiquée en Asie depuis des siècles. Toutefois, son caractère sauvage et solitaire rend son élevage difficile, contrairement au caribou.

Bon à savoir…

Pendant la saison de la reproduction, l'ORIGNAL est très farouche. Il a même mauvais caractère et peut être dangereux.

Joue et apprends !

L'ORIGNAL est de la famille des ours

v   f

L'ORIGNAL habite surtout les forêts et les marais

v   f

On reconnaît l'ORIGNAL à ses grands bois plats

v   f

L'ORIGNAL forme d'immenses troupeaux

v   f

L'ours noir

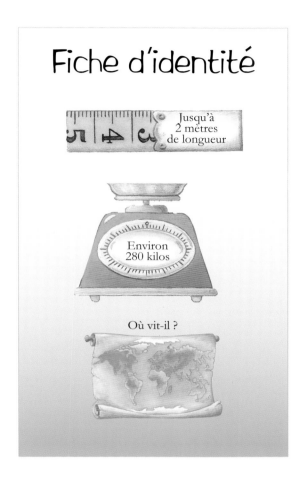

Fiche d'identité

Jusqu'à 2 mètres de longueur

Environ 280 kilos

Où vit-il ?

Qui est-il ?

L'OURS NOIR est plus petit que son cousin le grizzli. Son épais pelage est souvent noir mais aussi brun pâle ou beige. Son museau pointu est brun ; ses pattes sont garnies de griffes puissantes. Cet ours est capable de se tenir debout.

Où vit-il ?

L'OURS NOIR habite les forêts touffues des plaines et surtout des montagnes, souvent dans les rochers. Il est omnivore mais il se nourrit surtout de végétaux. Cet ours est solitaire.

Comment passe-t-il l'hiver ?

Cette espèce se retire dans sa tanière durant tout l'hiver. L'OURS NOIR n'hiberne pas mais somnole et vit sur ses réserves de graisse.

Bon à savoir...

L'OURS NOIR s'appelle aussi le baribal. Cette espèce assez commune est protégée par des lois. Il peut vivre environ 30 ans.

Joue et apprends !

L'OURS NOIR se nourrit surtout de végétaux

v   f

L'OURS NOIR vit dans les déserts

v   f

L'OURS NOIR vit en troupeau

v   f

L'OURS NOIR chasse pendant l'hiver

v   f

Le coyote

Jusqu'à 60 centimètres au garrot

Jusqu'à 23 kg

Où vit-il ?

Qui est-il ?

Le COYOTE est un cousin du loup. Svelte, doté d'un museau pointu et monté sur des pattes longues et fines, le coyote est un animal très rapide. Son pelage est gris ou fauve.

Comment vit-il ?

Le COYOTE habite les prairies, les marais et les forêts. Cet animal vit en meutes comme les loups mais il chasse seul. Redoutable prédateur, il se nourrit de divers petits animaux.

Quelle est l'origine de son nom ?

Le nom COYOTE est un mot d'une langue indienne qui signifie « celui qui hurle ». En effet, la nuit, cet animal pousse un cri très puissant et lugubre.

Bon à savoir...

Le COYOTE est encore très commun. Il s'approche des maisons, même dans les grandes villes, pour chercher sa nourriture. Il peut attaquer s'il est menacé.

Joue et apprends !

| Le COYOTE vit dans le désert | Le COYOTE est un cousin des chats | Le COYOTE pousse des cris puissants la nuit | Le COYOTE vit en solitaire |

v   f   v   f   v   f   v   f

Le caribou

Fiche d'identité

Environ 2,10 mètres de longueur

Jusqu'à 320 kilos

Où vit-il ?

Qui est-il ?

Le CARIBOU est un grand cerf au pelage grisâtre. Ses sabots très larges et poilus lui permettent de marcher dans la neige. Ses bois sont très développés.

Comment vit-il ?

Le CARIBOU vit en hardes de milliers d'individus qui se déplacent selon les saisons. L'été, il se nourrit d'herbe et de feuilles. En hiver, il s'alimente de lichens.

Comment résiste-t-il au froid ?

Ses poils le protègent du froid. Certains CARIBOUS migrent sur plus de 2 000 kilomètres pour échapper au froid polaire.

Quel autre nom lui donne-t-on ?

Les caribous qui vivent dans les régions froides du nord de l'Europe et de l'Asie sont appelés des rennes.

Joue et apprends !

Le CARIBOU possède des...

1. nageoires
2. bois
3. défenses

En hiver, le CARIBOU se nourrit de...

1. poissons
2. fruits
3. lichens

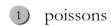

Le CARIBOU est l'autre nom du...

1. **PHOQUE**
2. **BISON**
3. **RENNE**

Le lynx du Canada

Qui est-il ?

Le LYNX DU CANADA est un félin adapté aux grands froids. Sa fourrure est épaisse et de grosses touffes de poils sur ses pattes l'empêchent de s'enfoncer dans la neige. Sa queue est courte et ses oreilles présentent de curieuses touffes de poils.

Comment vit-il ?

Solitaire, il parcourt la forêt boréale à la recherche de ses proies. En hiver le LYNX DU CANADA doit parcourir un vaste espace pour trouver de quoi combler sa faim.

Comment fait-il sa cour ?

Les mâles émettent des sons très aigus, semblables à des lamentations. À leur tour, les femelles répondent à leurs appels par des petits hurlements.

Comment chasse-t-il ?

Silencieux, très agile et doté d'une vue perçante, il repère sa proie, rampe vers elle et l'attrape d'un bond rapide.

Fiche d'identité

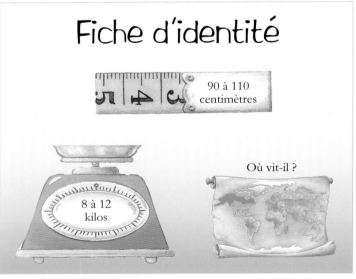

90 à 110 centimètres

8 à 12 kilos

Où vit-il ?

Joue et apprends !

Il a une longue queue

v   f

Il a des petites touffes de poils sur les oreilles

v   f

Il émet des sons aigus

v   f

Il attrape sa proie d'un bond

v   f

Mon grand animalier du Québec

Les animaux des airs

Le petit pingouin

Qui est-il ?

Le PETIT PINGOUIN a une allure comique avec son plumage noir et blanc, ses ailes courtes et sa démarche malhabile. Au contraire, c'est surtout un excellent nageur et plongeur.

Où habite-t-il ?

Le PETIT PINGOUIN fréquente les falaises et les éboulis des rivages marins. Il vit au bord des rochers juste au-dessus de l'eau pour pouvoir s'y laisser tomber sans avoir à voler longtemps.

Comment vit-il ?

Le PETIT PINGOUIN vit en couple au sein d'immenses colonies. Il se nourrit de poissons et de crustacés. La femelle ne pond qu'un gros œuf par an.

Bon à savoir...

Le PETIT PINGOUIN passe les deux tiers de sa vie sur l'eau ou dans l'eau ! Il souffre de la pollution des océans.

Fiche d'identité

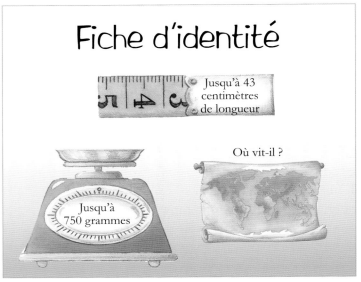

Jusqu'à 43 centimètres de longueur

Jusqu'à 750 grammes

Où vit-il ?

Joue et apprends !

Le PETIT PINGOUIN
habite les falaises et les rochers

v　f

Le PETIT PINGOUIN
vit en solitaire

v　f

Le PETIT PINGOUIN
plonge pour capturer
ses proies

v　f

La femelle du PETIT
PINGOUIN ne pond
qu'un œuf par an

v　f

Le colibri à gorge rubis

Qui est-il ?

Le COLIBRI À GORGE RUBIS porte ce nom parce que la gorge des mâles porte un collier rouge comme un rubis. Son bec est très long et fin.

Comment vit-il ?

Le COLIBRI À GORGE RUBIS habite les forêts, les parcs et les jardins. En hiver, il migre vers le Mexique ou l'Amérique centrale et revient au printemps. Il construit son petit nid en haut des arbres.

Que mange-t-il ?

Comme tous les colibris, il se nourrit du nectar des fleurs, qu'il récolte grâce à son long bec. Le COLIBRI À GORGE RUBIS mange aussi beaucoup d'insectes.

Bon à savoir...

Les colibris sont de petits oiseaux qui battent des ailes tellement vite, jusqu'à 75 fois par seconde, qu'on les appelle des oiseaux-mouches.

Fiche d'identité

Jusqu'à 9 centimètres de longueur avec le bec !

Moins de 4 grammes

Où vit-il ?

Joue et apprends !

La gorge du COLIBRI À GORGE RUBIS est toujours rouge

v   f

Le COLIBRI À GORGE RUBIS se nourrit de nectar

v   f

Le COLIBRI À GORGE RUBIS migre vers le sud en hiver

v   f

Le COLIBRI À GORGE RUBIS construit son nid sous les buissons

v   f

Le goéland argenté

Fiche d'identité

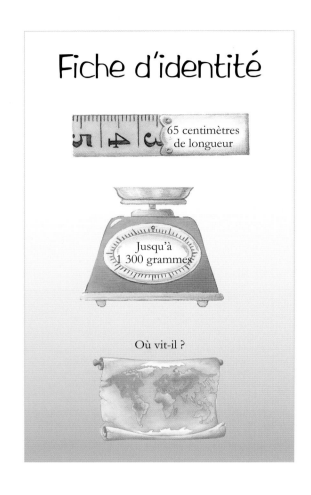

65 centimètres de longueur

Jusqu'à 1 300 grammes

Où vit-il ?

Qui est-il ?

Un grand oiseau marin gris et blanc au bec orange qui plane au-dessus du rivage, ou bien qui se repose sur les rochers du bord de mer, c'est le GOÉLAND ARGENTÉ.

Est-il bruyant ?

Très puissante, la clameur du GOÉLAND ARGENTÉ est l'un des bruits que l'on entend le plus au bord de la mer. Il crie pour signaler sa présence et défendre son territoire…

Que mange-t-il ?

Cet oiseau est très vorace ! Le GOÉLAND ARGENTÉ se nourrit surtout de poissons. À marée basse, il parcourt les rochers découverts à la recherche de crustacés.

Bon à savoir…

Cet oiseau très sociable vit toujours en colonie. Le GOÉLAND ARGENTÉ est un oiseau très commun, même dans les villes côtières.

Joue et apprends !

Le GOÉLAND ARGENTÉ est un oiseau très bruyant

v   f

Le GOÉLAND ARGENTÉ est tout blanc

v   f

Le GOÉLAND ARGENTÉ vit aussi dans les villes

v   f

Le GOÉLAND ARGENTÉ vit en solitaire

v   f

Le cardinal

Qui est-il ?

Le CARDINAL est un petit oiseau qui ne passe pas inaperçu ! Les plumes des mâles sont d'un beau rouge pourpre. Ce superbe plumage lui a valu son nom car il rappelle la couleur de la robe des cardinaux.

Comment vit-il ?

Cet oiseau de la famille des passereaux vit en couple dans les arbres et les arbustes des forêts et des marais. Il se nourrit surtout de graines ainsi que de fruits et d'insectes.

Chante-t-il bien ?

Le CARDINAL est un excellent chanteur. Son chant très mélodieux varie selon les régions. Le mâle chante pour marquer son territoire contre les autres mâles et attirer les femelles.

Bon à savoir...

La femelle, plutôt grise, pond de petits œufs plusieurs fois dans l'année. Pendant qu'elle couve, le mâle la nourrit avec son bec.

Fiche d'identité

Jusqu'à 23 centimètres de longueur

Jusqu'à 48 grammes

Où vit-il ?

Joue et apprends !

Le mâle du CARDINAL est d'un beau rouge

v   f

Le CARDINAL se nourrit surtout de petits animaux

v   f

Le CARDINAL est un oiseau de mer

v   f

Le CARDINAL vit en couple

v   f

Le fou de Bassan

Fiche d'identité

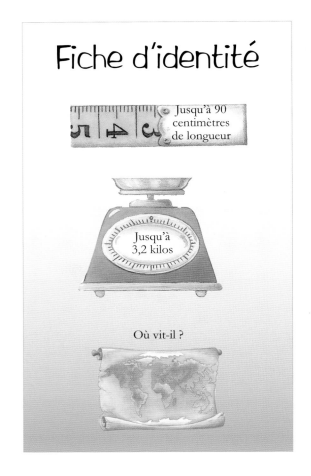

Jusqu'à 90 centimètres de longueur

Jusqu'à 3,2 kilos

Où vit-il ?

Qui est-il ?

Un plumage d'un blanc pur, un masque noir autour des yeux, le FOU DE BASSAN est un gros et superbe oiseau marin. Ses ailes puissantes lui permettent de planer longuement.

Comment chasse-t-il ?

S'il repère un poisson, le FOU DE BASSAN effectue un piqué à 90 km/h et plonge à plusieurs mètres sous la surface. L'oiseau avale sa proie avant même de regagner la surface ! Il se nourrit surtout de poissons et de calamars.

Est-il sociable ?

Les FOUS DE BASSAN vivent en colonies de plusieurs milliers d'individus. À terre, ils sont très bruyants !

Bon à savoir...

Les premiers naturalistes ont pensé que cet oiseau était fou car il semblait plonger sans raison. En effet, il avale ses proies sous l'eau ! Cette superbe espèce est menacée.

Joue et apprends !

Le FOU DE BASSAN chasse sur la terre ferme

Le FOU DE BASSAN se reconnaît à son plumage rouge

Le FOU DE BASSAN vit en colonie

Le FOU DE BASSAN porte ce nom parce qu'il crie fort

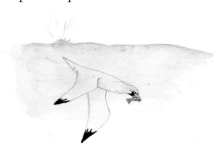

v f   v f   v f   v f

Le harfang des neiges

Qui est-il ?

Le HARFANG DES NEIGES est un oiseau diurne. Son envergure peut atteindre 1,6 mètre et ses pattes sont recouvertes de plumes épaisses qui le protègent du froid.

Où construit-il son nid ?

Le HARFANG DES NEIGES vit dans les terres arctiques. Il a l'habitude de construire son nid sur la terre nue entre des massifs recouverts de mousse. Il descend plus au sud l'hiver venu, et il n'est pas rare de le voir dans la vallée du St-Laurent.

Comment est son plumage ?

Son plumage est blanc et noir, tout maculé. En hiver, il devient d'un blanc candide pour se fondre dans la neige et éviter les prédateurs.

Comment chasse-t-il ?

Le HARFANG DES NEIGES, à la différence des autres espèces de chouettes, chasse aussi le jour. Il repère sa proie puis l'attrape grâce à ses serres robustes. Il se nourrit de lemmings, de souris et de petits mammifères.

Fiche d'identité

60 à 70 centimètres

2,5 kilos

Où vit-il ?

Joue et apprends !

Le HARFANG DES NEIGES fait son nid entre les massifs

Sur ses pattes, il a d'épaisses plumes

Ses plumes sont noires

Il ne chasse que la nuit

v f

v f

v f

v f

Le merle d'Amérique

Fiche d'identité

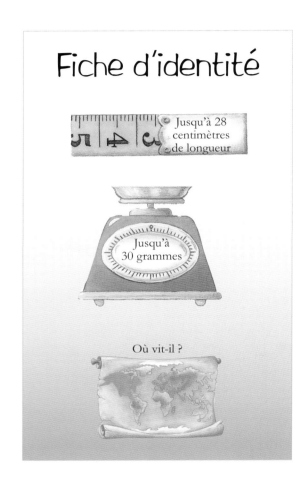

Jusqu'à 28 centimètres de longueur

Jusqu'à 30 grammes

Où vit-il ?

Qui est-il ?

Le ventre et la gorge du MERLE D'AMÉRIQUE sont d'un beau rouge orangé. Sa tête noire et ses plumes grises complètent la coloration élégante de ce passereau.

Comment vit-il ?

L'hiver, le MERLE D'AMÉRIQUE vit en bande pouvant compter 250 000 individus ! Il habite les forêts, les cultures et les villes. Il se nourrit d'insectes, de fruits et surtout de vers de terre.

Comment se reproduit-il ?

C'est un oiseau migrateur qui se dirige au printemps vers des régions plus fraîches pour se reproduire. Très solide, le nid, placé dans un arbre, est formé de brindilles enduites de boue.

Bon à savoir...

Le MERLE D'AMÉRIQUE vivant au Québec s'appelle également rouge-gorge.

Joue et apprends !

La queue du MERLE D'AMÉRIQUE est rouge	Le MERLE D'AMÉRIQUE ne vit qu'en couple	Le MERLE D'AMÉRIQUE ne mange que des graines	Le MERLE D'AMÉRIQUE passe sa vie au même endroit

v f	v f	v f	v f

La sterne arctique

Qui est-elle ?

Cet oiseau à la tête noir, au bec orangé et à la queue fourchue est le plus extraordinaire voyageur du monde ailé. Chaque année, la STERNE ARCTIQUE effectue un aller-retour du pôle Nord au pôle Sud… soit environ 40 000 kilomètres parcourus à tire d'ailes !

Que mange-t-elle ?

La STERNE ARCTIQUE est très gourmande de petits poissons, mais elle mange également des crevettes et des insectes.

Comment vit-elle ?

La STERNE ARCTIQUE vit avec sa colonie et défend farouchement ses œufs et ses petits. À l'approche d'un ennemi, tous les oiseaux s'assemblent pour l'attaquer : ils lui foncent dessus en poussant de grands cris et lui donnent des coups de becs à la tête.

Bon à savoir...

Le bec et les pattes de la STERNE ARCTIQUE changent de couleur selon les saisons. Pendant l'hiver, ils sont noirs. Mais, à la saison des amours, ils prennent une jolie couleur rouge : c'est pour mieux séduire !

Fiche d'identité

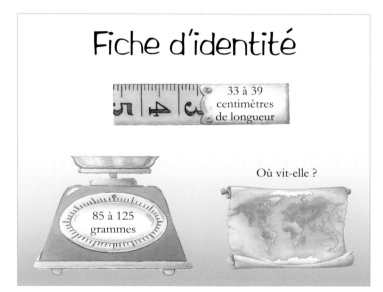

33 à 39 centimètres de longueur

85 à 125 grammes

Où vit-elle ?

Joue et apprends !

La STERNE ARCTIQUE peut traverser la Terre en volant	La tête de la STERNE ARCTIQUE est toute blanche	Elle mange notamment des crevettes	La STERNE ARCTIQUE vit seule

v f   v f   v f   v f

L'oie des neiges

Fiche d'identité

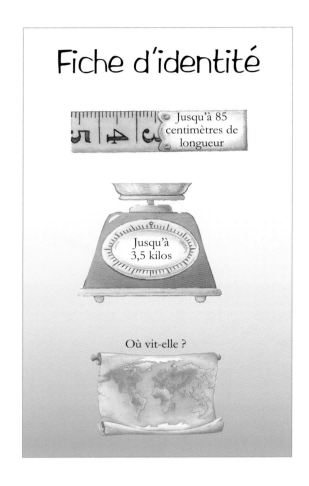

Jusqu'à 85 centimètres de longueur

Jusqu'à 3,5 kilos

Où vit-elle ?

Pourquoi porte-t-elle ce nom ?

L'OIE DES NEIGES vit dans les régions enneigées de la Région arctique. Son corps est soit blanc, soit gris foncé, avec un bec rose et une queue noire.

Comment vit-elle ?

L'OIE DES NEIGES habite la toundra durant l'été, les lacs et les marais situés plus au sud durant l'hiver. Grâce à ses pattes palmées, elle nage très bien.

Pourquoi migre-t-elle ?

En été, l'OIE DES NEIGES constitue d'immenses colonies dans l'Arctique. À la fin de l'été, elle quitte cette région pour gagner des zones tempérées. Cet oiseau migrateur retourne vers l'Arctique au printemps.

Bon à savoir…

Lors de ses voyages, cette espèce traverse le Québec où elle se repose dans les zones humides. Elle y est connue sous le nom d'OIE BLANCHE.

Joue et apprends !

L'OIE DES NEIGES est un oiseau…

1 montagnard
2 tropical
3 migrateur

Le plumage de l'OIE DES NEIGES est…

1 fauve ou brun
2 blanc ou gris
3 toujours noir

À la fin de l'été, l'OIE DES NEIGES migre vers des régions…

1 désertiques
2 polaires
3 tempérées

Le grand héron

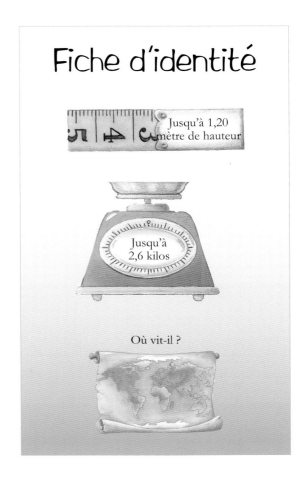
Qui est-il ?

Juché sur ses longues pattes grêles, le GRAND HÉRON parcourt lentement les eaux peu profondes. C'est un échassier. Sa tête porte deux longues plumes : les huppes.

Comment vit-il ?

Grâce à son long bec, cet oiseau aquatique fouille la vase des berges des lacs ou du rivage pour chercher des poissons et d'autres animaux aquatiques. L'hiver, il migre loin vers le Sud car il vole très bien.

Comment se reproduit-il ?

Le GRAND HÉRON vit souvent en colonies. La femelle pond ses œufs dans un nid construit parmi les plantes aquatiques.

Bon à savoir...

LE GRAND HÉRON est le plus grand des oiseaux aquatiques d'Amérique du Nord. Il est commun dans les nombreux lacs du Québec.

Joue et apprends !

Le GRAND HÉRON habite les zones humides

Le GRAND HÉRON possède deux cornes sur la tête

Le GRAND HÉRON vit en solitaire

On ne voit le GRAND HÉRON que près des eaux douces

v f

v f

v f

v f

Le geai bleu

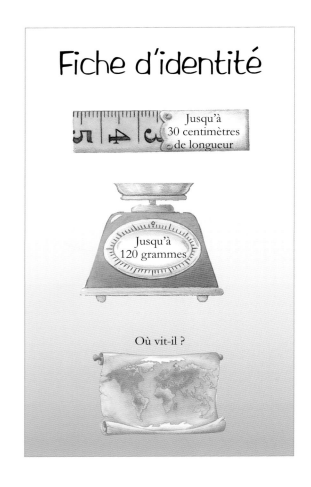

Jusqu'à 30 centimètres de longueur

Jusqu'à 120 grammes

Où vit-il ?

Qui est-il ?

Le plumage du GEAI BLEU est coloré de bleu ou de bleu violet. Une marque noire lui dessine un gros collier. Son bec fin et droit lui est très utile pour chercher sa nourriture.

Où vit-il ?

Naturellement, cet oiseau habite les grandes forêts mais il a maintenant colonisé les parcs et les jardins des villes. Il vit en solitaire ou en couple.

Que mange-t-il ?

Le GEAI BLEU est surtout granivore ; il apprécie les graines, les glands et les insectes. Il attaque aussi de petits animaux, dont d'autres oiseaux, des rongeurs et des chauves-souris !

Bon à savoir...

Le GEAI BLEU est le cousin de la corneille.

Joue et apprends !

Le GEAI BLEU ne vit pas...

1. en solitaire
2. en couple
3. en groupe

Le GEAI BLEU se nourrit surtout de...

1. graines et fruits
2. poissons et crevettes
3. escargots et limaces

Le cri du GEAI BLEU est...

1. doux
2. rauque
3. très aigu

Le faucon pèlerin

Fiche d'identité

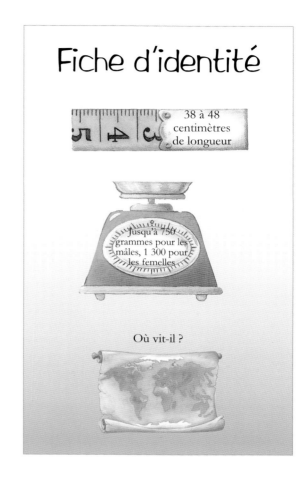

38 à 48 centimètres de longueur

Jusqu'à 750 grammes pour les mâles, 1 300 pour les femelles

Où vit-il ?

Qui est-il ?

Le FAUCON PÈLERIN est l'oiseau le plus rapide du monde. Il est célèbre pour ses spectaculaires piqués, les ailes repliées. Une vraie fusée !

Comment vit-il ?

Le FAUCON PÈLERIN vit en couple et reste uni toute sa vie à son compagnon. Il habite sur une falaise, souvent à l'abri d'une avancée rocheuse qui le protège de la pluie. Il ne construit pas de nid.

Comment sont les bébés faucons ?

Lorsqu'ils éclosent, les poussins sont couverts d'un joli duvet blanc. Mais celui-ci est très fin et ne les protège pas assez du froid. Ils restent donc blottis sous les plumes de leur maman.

Bon à savoir...

La vue extraordinaire du FAUCON PÈLERIN lui permet de repérer ses proies, presque uniquement des oiseaux, à plusieurs centaines de mètres de distance !

Joue et apprends !

Le FAUCON PÈLERIN a une très bonne vue

v   f

Le FAUCON PÈLERIN vit en Antarctique

v   f

Il vol très vite en piqué

v   f

Les bébés FAUCONS PÈLERIN naissent couverts d'un duvet blanc

v   f

79

Le huard

Fiche d'identité

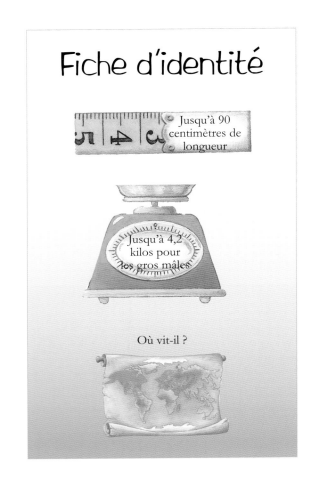

Jusqu'à 90 centimètres de longueur

Jusqu'à 4,2 kilos pour les gros mâles

Où vit-il ?

Qui est-il ?

Le HUARD est un grand oiseau aquatique qui se reconnaît à sa tête et son cou noirs. Son bec puissant a la forme d'un poignard. Ses pattes sont palmées. Il appartient à la famille des plongeons.

Où vit-il ?

Cet oiseau habite aussi bien les côtes marines que les grands lacs. Il peut voler loin au-dessus de l'océan mais il niche au bord de l'eau, sur les rochers ou les plantes des berges.

Pourquoi appelle-t-on cet oiseau un « plongeon » ?

Le HUARD se nourrit de poissons et de crustacés. Il les capture en plongeant à grande vitesse jusqu'à plus de 15 mètres grâce à son corps fuselé.

Bon à savoir...

Au Canada, cette espèce orne la pièce de monnaie valant un dollar canadien ; cette pièce est souvent désignée sous le nom de huard.

Joue et apprends !

Le HUARD est un oiseau des montagnes

Le HUARD chasse ses proies en plongeant dans l'eau

On reconnaît le HUARD à son bec crochu

Le HUARD peut voler au-dessus de l'océan

v   f   v   f   v   f   v   f

Amuse-toi !

LES ANIMAUX FAMILIERS

Question 1 : Je suis un chat géant, sportif et très doux : qui suis-je ?

Question 2 : De quelle couleur sont les yeux du husky ?

Question 3 : Les deux bandes de couleur situées sur les tempes de la tortue de Floride sont-elles vertes, orange ou rouges ?

Question 4 : Le furet est la forme domestiquée d'un animal. Mais lequel ?

Question 5 : Je suis souvent rouge mais je peux être orange, blanc, noir ou même vert ou gris. Je peux vivre jusque 50 ans. Qui suis-je ?

LES ANIMAUX DE LA FERME

Question 6 : Quel est l'animal qui habite une bergerie au même titre que les moutons ?

Question 7 : Je mange de tout et j'ai une queue en tire-bouchon : qui suis-je ?

Question 8 : Comment s'appelle le museau de la vache canadienne ?

Question 9 : À quoi reconnaît-on la poule chanteclerc ?

LES ANIMAUX AQUATIQUES ET MARINS

Question 10 : Quel est le plus gros animal de la Terre ?

Question 11 : Le béluga est-il un poisson ou un mammifère ?

Question 12 : Le phoque commun est très joueur mais peut-il être agressif ?

Question 13 : Je suis un crustacé marin avec une carapace noire et orange et je nage en reculant : qui suis-je ?

Question 14 : Combien de temps l'ours polaire peut-il rester immergé dans l'eau gelée ?

Question 15 : Pourquoi le ouaouaron porte-t-il ce nom ?

Question 16 : Pourquoi l'esturgeon est-il menacé ?

testant tes connaissances !

LES ANIMAUX DES PRAIRIES ET DES FORÊTS

Question 17 : Que fait la marmotte commune lorsqu'elle manque de nourriture ?

Question 18 : Grâce à quoi se défend le porc-épic ?

Question 19 : Mes rayures sont jaunes et noires et mes écailles sont très douces : qui suis-je ?

Question 20 : Combien d'œufs pond la femelle de la grenouille des bois au printemps ?

Question 21 : La tortue des bois est-elle un reptile ?

Question 22 : Je vis en solitaire, je peux faire des bonds de 3 mètres et je deviens tout blanc en hiver : qui suis-je ?

Question 23 : Quel est l'animal considéré comme le plus féroce du Grand Nord ?

Question 24 : Quelles sont les particularités physiques du lynx du Canada ?

LES ANIMAUX DES AIRS

Question 25 : Pourquoi le colibri à gorge rubis s'appelle-t-il ainsi ?

Question 26 : La bernache du Canada est-elle une cousine des canards ?

Question 27 : Pourquoi le cardinal est-il un animal que l'on remarque ?

Question 28 : Le fou de Bassan est-il fou ?

Question 29 : Sous quel autre nom est connue l'oie des neiges ?

Question 30 : Je suis bleu, je cherche ma nourriture avec mon bec fin et droit et je suis un grand bavard : qui suis-je ?

Le jeu des 7 erreurs
des animaux familiers

7 erreurs se sont glissées dans le dessin ci-dessous. À toi de les retrouver !

Le jeu des 7 erreurs
des animaux du froid

Le jeu des 7 erreurs
des animaux des airs

7 erreurs se sont glissées dans le dessin ci-dessous.
À toi de les retrouver !

Labyrinthes

Animaux de la ferme

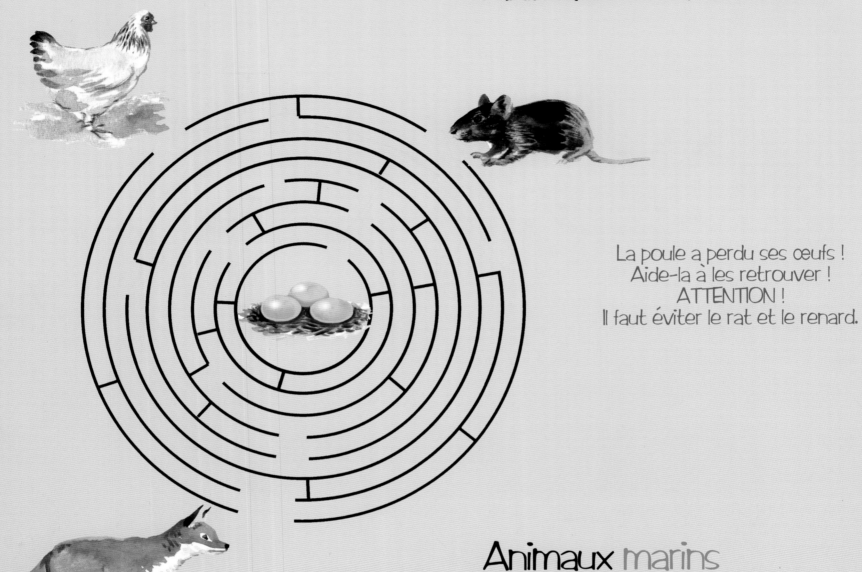

La poule a perdu ses œufs !
Aide-la à les retrouver !
ATTENTION !
Il faut éviter le rat et le renard.

Animaux marins

Le phoque commun s'est égaré.
Aide-le à rejoindre sa famille
sans qu'il ne se retrouve auprès
des baleines ou des dauphins !

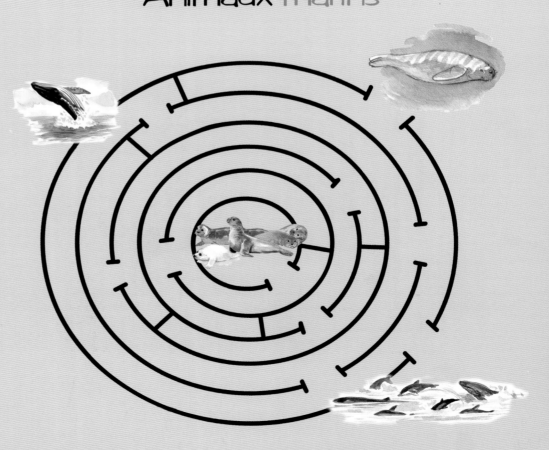

Labyrinthes

Animaux des airs

Le goéland argenté recherche sa colonie. Aide-le à la retrouver sans qu'il ne s'égare en chemin.

Animaux des prairies et des forêts

Il est temps pour l'écureuil roux d'hiberner !
Aide-le à retrouver son arbre.
ATTENTION !
Ce n'est pas le moment de rencontrer
un ours ou un porc-épic !

Les réponses aux jeux

Les animaux familiers

Page 8   le chat siamois : faux – faux – vrai – faux
Page 9   le chat maine coon : faux – vrai – vrai – vrai
Page 10   le labrador : 1 (se baigner) – 2 (les personnes aveugles) – 1 (court)
Page 11   le cocker : vrai – faux – faux – faux
Page 12   le husky : faux – vrai – faux – faux
Page 13   la souris : vrai – vrai – vrai – vrai
Page 14   le canari : 1 (jaune vif) – 2 (chanter) – 2 (les buissons et les arbustes)
Page 15   la perruche ondulée : faux – vrai – vrai – faux
Page 16   le cochon d'inde : 2 (des rongeurs) – 3 (des légumes) – 2 (dans les montagnes)
Page 17   la tortue de Floride : 2 (des petits animaux) – 3 (Amérique du Nord) – 1 (sur les côtés de la tête)
Page 18   le furet : vrai – vrai – vrai – vrai
Page 19   le hamster doré : vrai – faux – vrai – vrai
Page 20   le poisson rouge : faux – vrai – faux – vrai

Les animaux de la ferme

Page 22   la chèvre : 2 (surtout de l'herbe) – 2 (son lait) – 3 (une bergerie)
Page 23   le mouton : faux – vrai – vrai – faux
Page 24   le cochon : 3 (de tout) – 2 (sa chair) – 1 (en tire-bouchon)
Page 25   la vache canadienne : 3 (d'herbe et de foin) – 2 (rumine l'herbe) – 3 (le mufle)
Page 26   le cheval canadien : vrai – faux – vrai – faux
Page 27   la poule chanteclerc : 2 (oiseau) – 2 (dans les cours de ferme ou les prés) – 3 (son bec pointu)
Page 28   le canard : vrai – vrai – vrai – vrai

Les animaux aquatiques et marins

Page 30   la baleine bleue : faux – vrai – faux – faux
Page 31   le cachalot : vrai – faux – vrai – faux
Page 32   la baleine à bosse : faux – vrai – faux – faux
Page 33   le béluga : 3 (de poissons) – 1 (baleines) – 3 (sa couleur blanche)
Page 34   le dauphin à flancs blancs : faux – faux – vrai – faux
Page 35   le phoque commun : faux – vrai – faux – vrai
Page 36   le homard de l'Atlantique : 2 (crustacé) – 2 (parmi les rochers des fonds marins) – 3 (sa carapace noire et orange)
Page 37   l'ours polaire : 2 (mammifère) – 2 (sur la banquise) – 2 (phoques)
Page 38   la loutre du Canada : 3 (mammifère) – 1 (l'eau) – 2 (lisse)
Page 39   le ouaouaron : 2 (ressemble au cri d'un taureau) – 1 (dans les rivières et les lacs) – 3 (son grand tympan)
Page 40   l'esturgeon : vrai – faux – faux – vrai

Les animaux des prairies et des forêts

Page 42   le raton laveur : vrai – vrai – vrai – vrai
Page 43   la mouffette rayée : 1 (le liquide de ses glandes anales) – 3 (la nuit) – 3 (noire avec deux raies blanches)
Page 44   le renard roux : 1 (en forêt) – 1 (des poules) – 1 (roux)
Page 45   la marmotte commune : 3 (hibernation) – 3 (de l'herbe) – 1 (profonde)
Page 46   le porc-épic : faux – vrai – faux – vrai
Page 47   le rat musqué : vrai – faux – faux – vrai
Page 48   la couleuvre rayée : faux – vrai – faux – faux
Page 49   la couleuvre verte : vrai – faux – faux – vrai
Page 50   la grenouille des bois : vrai – faux – faux – vrai
Page 51   la tortue des bois : 2 (dans les rivières et les mares) – 2 (dans les bois humides) – 1 (brune et striée)

Page 52   le lièvre d'Amérique : faux – vrai – faux – vrai

Page 53   la salamandre maculée : faux – faux – faux – vrai

Page 54   l'écureuil roux : vrai – faux – vrai – faux

Page 55   le vison d'Amérique : faux – faux – vrai – faux

Page 56   le castor du Canada : 2 (gouvernail) – 2 (arbres) – 2 (l'eau)

Page 57   le carcajou : 2 (en mordant avec ses puissantes mâchoires) – 3 (les forêts du Grand Nord) –
                  2 (des carcasses d'animaux morts)

Page 58   le cerf de Virginie : 3 (ruminant) – 2 (en groupe) – 3 (sa queue blanche)

Page 59   le loup gris : faux – vrai – vrai – vrai

Page 60   l'orignal : faux – vrai – vrai – faux

Page 61   l'ours noir : vrai – faux – faux – faux

Page 62   le coyote : faux – faux – vrai – faux

Page 63   le caribou : 2 (bois) – 3 (lichens) – 3 (renne)

Page 64   le lynx du Canada : faux – vrai – vrai – vrai

Les animaux des airs

Page 66   le petit pingouin : vrai – faux - vrai – vrai

Page 67   le colibri à gorge rubis : faux – vrai – vrai – faux

Page 68   le goéland argenté : vrai – faux – vrai – faux

Page 69   le cormoran à aigrettes : 2 (ses touffes de plumes sur la tête) – 3 (près des côtes et des lacs) –
                  2 (migre pour fuir les eaux couvertes de glace)

Page 70   la bernache du Canada : 1 (végétaux) – 2 (dans les marais et les lacs) – 3 (sa tête et son bec noirs)

Page 71   le cardinal : vrai – faux – faux – vrai

Page 72   le fou de Bassan : faux – faux – vrai – faux

Page 73   le harfang des neiges : vrai – vrai – faux – faux

Page 74   le merle d'Amérique : faux – faux – faux – faux

Page 75   la sterne arctique : vrai – faux – vrai – faux

Page 76   l'oie des neiges : 3 (migrateur) – 2 (blanc ou gris) – 3 (tempérées)

Page 77   le grand héron : vrai – faux – faux – vrai

Page 78   le geai bleu : 3 (en groupe) – 1 (graines et fruits) – 3 (très aigu)

Page 79   le faucon pèlerin : vrai – faux – vrai – vrai

Page 80   le huard : faux – vrai – faux – vrai

Les réponses du jeu « Teste tes connaissances »

1. Le chat maine coon. - 2. Bleu pâle. - 3. Rouges. - 4. Le putois. - 5. Le poisson rouge. - 6. La chèvre. - 7. Le cochon. -
8. Le mufle. - 9. À son absence de crête. - 10. La baleine bleue. - 11. Un mammifère. - 12. Oui. - 13. Le homard de l'Atlantique. -
14. Deux minutes. - 15. Parce que les mâles poussent un cri qui rappelle le mugissement du taureau. -
16. Car il produit le caviar. - 17. Son cœur ralentit jusqu'à 4 battements par minute et elle ne respire qu'une seule fois pendant
ce temps-là. - 18. Grâce à ses piquants. - 19. La couleuvre rayée. - 20. 1 000. - 21. Oui. - 22. Le lièvre d'Amérique. -
23. Le carcajou. - 24. Il a une vue perçante et de curieuses touffes de poils sur les oreilles. - 25. Parce que la gorge des mâles
porte un collier rouge comme un rubis. - 26. Non, c'est une cousine des oies. - 27. Parce que ses plumes sont d'un rouge
pourpre. - 28. Non. - 29. L'oie blanche. - 30. Le geai bleu.

La solution des jeux des 7 erreurs

Les 7 erreurs sur les animaux familiers sont les suivantes :

La tortue de Floride a une bande bleue sur la tête au lieu d'une rouge ; le cocker a des oreilles plus petites ; il manque un nuage ;
le lapin a une longue queue ; la souris est devenue grise ; un arbuste a été ajouté ; le furet a disparu.

Les 7 erreurs sur les animaux du froid sont les suivantes :

Il manque un cerf de Virginie ; les glands de l'écureuil roux américain ont disparu ; le castor canadien a perdu sa queue ;
la loutre du Canada est dans le mauvais sens ; le ouaouaron n'est plus sur son rocher ; le raton laveur a disparu ; le geais bleu est
devenu rouge.

Les 7 erreurs sur les animaux des airs sont les suivantes :

La gorge du colibri n'a plus la même couleur ; l'autre colibri tourne la tête ; une montagne à droite a disparu ; le petit pingouin
couve un 2e œuf ; le faucon qui plonge a changé de direction ; une branche de l'arbre a disparu ; la sterne arctique la plus proche
du faucon n'est plus là.